·山东省人力资源和社会保障厅高校就业创业“双新

大学生生涯规划与职业发展实训手册

主　审　丁瑞忠　董廷杰
主　编　李文锋　于红芸

山东人民出版社·济南
国家一级出版社 全国百佳图书出版单位

图书在版编目（CIP）数据

大学生生涯规划与职业发展实训手册/李文锋，于红芸主编. -- 济南：山东人民出版社，2021. 9（2022. 8重印）
ISBN 978-7-209-10834-8

Ⅰ. ①大… Ⅱ. ①李… ②于… Ⅲ. ①大学生一职业选择 Ⅳ. ①G647. 38

中国版本图书馆CIP数据核字(2021)第104927号

大学生生涯规划与职业发展实训手册
DAXUESHENG SHENGYAGUIHUA YU ZHIYEFAZHAN SHIXUNSHOUCE
李文锋　于红芸　主编

主管单位　山东出版传媒股份有限公司
出版发行　山东人民出版社
出 版 人　胡长青
社　　址　济南市市中区舜耕路517号
邮　　编　250003
电　　话　总编室（0531）82098914
　　　　　市场部（0531）82098027
网　　址　http://www. sd-book. com. cn
印　　装　日照报业印刷有限公司
经　　销　新华书店

规　　格　16开（185mm×260mm）
印　　张　13. 5
字　　数　247千字
版　　次　2021年9月第1版
印　　次　2022年8月第2次
印　　数　7001—14000
ISBN 978-7-209-10834-8
定　　价　32. 00元

《大学生生涯规划与职业发展实训手册》编委会

序

伴随现代科学技术的进步，特别是数字经济和人工智能的发展，职业形态和职业发展教育正面对新的机遇和挑战。如何深刻认识新变化带来的新特征、新要求和新矛盾，帮助受教育者更好地认清自己、观察世界，保持定力，切实走好生涯发展之路，已成为高等学校迫切需要解决的大课题。在此背景下，鲁东大学党委副书记丁瑞忠同志所主持的山东省人力资源和社会保障厅高校就业创业“双新成果”重点项目研究成果——《大学生生涯规划与职业发展》及配套的《大学生生涯规划与职业发展实训手册》的编写和出版可谓恰逢其时，它们将有力推进高等学校和大学生从新时代的视角去认识和解决职业生涯规划和职业发展教育中的问题。

在该套教材即将付梓之际，丁瑞忠书记邀我作“序”，我倍感荣幸。原因是我与丁瑞忠同志相识多年，曾多次受邀到鲁东大学作报告、开讲座。另外，2017年鲁东大学荣获了教育部颁布的“全国创新创业典型经验高校”“全国高校实践育人创新创业基地”荣誉称号。《教育部简报》〔2018〕第9期以《鲁东大学坚持“三位一体”深化创新创业教育改革》为题，介绍了该校在创新创业工作方面的经验和做法，这些都给我留下了深刻印象。更重要的是，我看到了此项研究成果的时代价值，相信它能够为高校更好地履行立德树人职责，为大学生科学规划职业生涯，努力做到人尽其才、人岗相适，实现更加充分更高质量的就业提供有益的指导和服务。

职业生涯规划和职业发展问题是在生产力不断发展、社会分工逐渐细化、社会职业增多、就业压力增大的背景下应时而生的，是生产力发展的必然要求。原始社会时期，人们共同生产、共同生活，尽管后来发生了三次社会大分工，但社会分工、职业分化依然很粗。进入阶级社会后，尤其是在几千年的封建社会中，社会按士、农、工、商等进行分层，绝大多数人都是面朝黄土背朝天，日出而作，日落而息。应该说，近代工业化社会之前，职业的种类并不多，工作内涵也比较简单，职业的延续主要依靠世代相传或子承父业，因此，职业选择问题并不突出。进入近代社会，尤其是产业革命之后，随着工业科技日渐发达，工作的行业种类日渐增多，职业分工更加细化、具体、明确。但是，由于学生缺乏相关的专业知识、缺乏工作经历和职场经验，择业指导及职业选择的问题日渐凸显。因此，到了20世纪初，帮助青年择业的职业咨询及介绍职业的机构应运而生，职业生涯规划和职业发展教育逐渐发展成为一门学科，成为世界各国高等教育的一项重要内容。

如今，我们面对的是一个职业不确定性不断加大并且充满岗位竞争的职场，给学生提供职业生涯规划教育和职业发展教育更是高校义不容辞的责任。要培养更多更好的能适应社会和现代职场需要的人才，高校就必须将职业生涯规划教育落实到从学生入学到其毕业的整个过程中。实施职业生涯规划教育和职业发展教育不仅包括指导学生认清自我、客观分析自身条件、理性研判行业发展的现状与前景，更包含科学定位职业目标方向，为未来就业和事业发展做好准备。以上这些内容都会对大学生在校期间的学习能力、毕业求职和未来职业发展以及生活质量产生重要影响。同时，大学生学会理性择业，亦是整个社会劳动力资源得到合理配置，实现人力供需平衡，促进社会和谐稳定的重要因素。

学生是学校得以存在的基础，学生的就业情况关系到学校的教育质量和社会声誉。学生不能顺利就业，或者找不到适合的岗位，就不能人尽其才、才尽其用，可以说学校的任务就没有很好地完成，学校的教育也就是失败的教育。所以，高校教师应该尽最大能力在职业定位、目标设定、通道设计等方面为学生科学理性选择职业做好服务，让更多学生能够在自己的职业生涯中择世所需、择人所利、择己所爱、择我所长，实现更好的职业发展。

新时代的大学生，更应该对职场环境和自己的性格、能力有清醒的认识，对新职场时代的到来有更多的心理准备和素质能力准备，提前做好自己的职业生涯规划。只有这样，才能更好地适应社会，为社会做出更大的贡献，更好地实现自己的人生价值。

在此，我真诚地希望这套教材能够在新时代发挥更大的作用，促进学校更高质量发展，推动建设一支高素质、高水平、专业化、职业化的职业生涯规划师资队伍，更好地指导学生进行职业生涯规划，促进学生更加充分更高质量就业。

李家华

中国青年政治学院原副校长、教授、博导

2021 年 7 月

前 言

职业生涯决定一个人的社会身份与社会角色，决定一个人以何种方式生活，又拥有怎样的社会关系。从这个意义上说，职业生涯规划既是生活方式的选择，也是人生道路的选择。大学阶段是人生发展的关键时期，在大学期间做好职业生涯规划对未来发展具有极其重要的意义。它有助于大学生明确自己的努力方向，有的放矢地管理时间、制定计划，实现自己的人生梦想。

新时代的大学生正逢人工智能技术革命浪潮奔腾而至之际，世界正处于百年未有之大变局中，我国高等教育正处于从规模扩张全面转向内涵式发展的重要阶段，此时做好大学生的职业生涯规划教育尤为重要。

然而，当前我国高校大学生职业生涯规划教育却存在着一些问题，比如重视生涯知识讲授，缺乏核心职业能力实训；重视案例引导，忽视体验式练习；等等。

为此，我们在鲁东大学党委副书记丁瑞忠主持的山东省人力资源和社会保障厅“高校就业创业‘双新成果’重点项目（项目编号：SX-2018-ZD02）”的研究基础上，编写了《大学生生涯规划与职业发展》及配套的《大学生生涯规划与职业发展实训手册》，并开发了大学生核心职业能力实训教学软件。本套教材的定位主要有三个方面：

首先，《大学生生涯规划与职业发展》可以作为高校职业生涯规划课程的教材使用，并结合《大学生生涯规划与职业发展实训手册》（以下简称《实训手册》）和大学生核心职业能力实训教学软件做好课堂练习，更好地增强课程实训效果；其次，本书也可作为大学生学习职业生涯知识、规划理想人生、提升职业素养、提高就业技能、学会适应职场的自助读物；最后，本书还可作为高校管理者拓宽生涯教育知识面，了解职业规划工具及方法的科普性书籍。基于这样的综合定位，本套教材编写具有以下三个特点。

首先，重构生涯认知，突出可操作性。

为更好地进行职业生涯规划，教育工作者和大学生都必须对职业生涯规划的全貌和基本理念有一定的了解，没有理论学习、单纯依靠技巧，有可能会使生涯规划的理解和操作出现偏差；但若仅有生涯规划的专业理论，没有具体的操作性指导，又与大学生职业生涯规划课程的根本学习目的相悖。因此，本套教材既梳理了职业生涯规划的基本理论知识，又在基本理论的阐释过程中，加入了可操作的具体步骤与方法，并提供了很多实例，努力做到深入浅出，并突出实践性。

其次，完善“实训”课程，优化教学“体验”。

职业生涯课程既重视知识的传授，也关注技能的培养，还有态度观念的转变，是集理论、实务和经验为一体的综合性课程。从某种角度看，态度观念的转变和技能的获得比知识的掌握更加重要，态度观念的转变是课程教学的核心。为了让学生学有所思、学以致用，提高实训效果、优化课程体验，《实训手册》中的每个单元均设置“热身场”和“实训项目”两部分，实训项目包含“自我练习”“团队活动”“对标学习”三个模块。“热身场”是对知识点的预热，目的是引发学生思考，让他们结合已有经验和知识，带着问题学习；“自我练习”是学习知识点后的自我梳理，学生可通过独立思考，深化对知识点的理解，将知识点运用于练习当中；“团队活动”是以小组为单位进行人际交互学习，学生通过思考、表达、讨论、总结和反思，取长补短，拓展个体思维，达到朋辈学习的最佳效果；“对标学习”是对标榜样人物、汲取榜样力量，促进学生将学到的知识转化为技能。这种体验式的训练，可以让生涯课程的经验属性更加明显，能更好地提高大学生的职业发展能力。

最后，强调立德树人，注重课程实效。

本套教材体现了大学生职业生涯规划教育的全程性、贯通性。大学生职业生涯规划不应只在某一个时间点进行，而应贯穿于整个大学阶段。当前大学生在求职时遇到的很多困惑和迷茫，乃至就读期间常常出现的偏差行为，往往都与他们缺乏对自己生涯的深层思考、找不到明确的发展方向、看不清职业路径等有密切关系。因此，本套教材既包含大学生入学之初就应进行的自我探索和认知职场；又包括在大学期间应该了解的如何做生涯决策、进行职业规划和提高相关职业素质等内容；还涉及大学生毕业前的就业技能提升，以及初入职场应如何适应等方面的问题。

本套教材基本涵盖大学生职业生涯规划的全部主题。大学生职业生涯规划是一个十分复杂的过程，大学生如何自我探索、认知职场、做出职业决策、拟定计划并实施和调整计划，是本套教材编写的重点。同时，针对大学生常被用人单位评价为缺乏基本职业素养的现状，本套教材特别将提升职业能力、提高职业素养、加强自我管理和学会职业适应等主题纳入学习范围，以期为高校教育工作者开展生涯教育工作提供有益的参考。

本书由李文锋负责统稿，全书编写分工如下：第一章由李文锋编写，第二章由张光旭、亓瑞、祝昕编写，第三章由李文锋编写，第四章由孙德升编写，第五章由王婷婷、张光旭编写，第六章由李梦霞编写，第七章由武亚思、李文锋、赵鑫编写，第八章由李文锋、侯苏君编写，第九章由于红芸编写，第十章由于红芸编写，第十一章由张光旭、刘腾编写，第十二章由张笑菡、李文锋、李梦霞编写，第十三章由魏振波、李梦霞、谢于蕾编写，第十四章由魏振波、李文锋、李梦霞编写。

鲁东大学党委副书记丁瑞忠主审全部稿件并提出重要修改建议，鲁东大学副校长吴君、商学院党总支书记吕海航、创新创业学院副院长吴远庆等为本书做了大量筹划与指导工作，没有他们认真负责的态度、精心细致的指导，本书难以顺利出版，编者在此向他们表示衷心的感谢。本套教材在编写过程中，参阅并吸收了国内外相关著作、教材、论文、公众号文章等资料，在此谨对这些资料的作者致以诚挚的谢意；同时，对山东人民出版社的大力支持表示由衷感谢。

另外，需要说明的是，本书还存在一些不足之处，敬请各位专家和广大读者不吝赐教，我们将不断修正完善教材、实训软件和线上资源，期待本套教材能够为大学生的职业发展提供帮助。

编　者

2021年5月

目　录

第一章

生涯规划概述

每一个人都是科学家。

——G. A. 凯利（美国心理学家）

学习导航

- 第一章 生涯规划概述
  - 热身场
    - 你了解生涯规划吗
    - 为什么需要职业生涯规划
    - 如何才能规划好自己的职业
  - 实训项目
    - 自我练习
      - “车日路”模型探索生涯之路
      - 梦想平衡——人生九宫格
      - 画出我的职业感受
    - 团体活动
      - 学业与职业三叶草模型
      - 生涯十字路口
      - 以人为镜
    - 对标学习
      - 一个不懂资本市场的飞行器设计师不是一个优秀的复合型管理人才
      - 读研还是工作，选择最适合自己的道路

热身场

1. 你了解生涯规划吗？

什么是生涯？

什么是生涯规划？

生涯规划的目的是什么？

2. 为什么需要职业生涯规划？

什么是职业生涯？

职业生涯规划的原则是什么？

你了解哪些生涯理论？

3. 如何才能规划好自己的职业？

你了解哪些生涯规划方法？

生涯规划的步骤是什么？

实训项目

【自我练习 1-1】“车日路”模型探索生涯之路

假如今天是个周六，你有足够长的时间，准备开始一段向往的旅程，你开着车，行驶在一段公路上——

你开着一辆什么车？

你准备开去哪里？

你希望沿途经过什么地方？

思考：

1. 车——探索自我：我是谁？

（1）如果你是一辆车，会是一辆什么车？适合什么样的路况？为什么？

（2）你对车况有信心吗？为什么？

（3）如果需要提升，提升什么？

（4）你的动力来自哪里？

（5）你是通过什么持续“加油”的？

2. 日——明确目标：我要去哪里？

（1）十年后车上会有谁？他/她和你是什么关系？你们将去哪里？

（2）五年后车上会有谁？他/她和你是什么关系？你们将去哪里？

（3）一年后车上会有谁？他/她和你是什么关系？你们将去哪里？

（4）三个月后车上会有谁？他/她和你是什么关系？你们将去哪里？

（5）现在车上会有谁？他/她和你是什么关系？你们将去哪里？

3. 路——规划路径：梦想着陆

（1）闭上眼睛，听着音乐，想象十年后的自己。（注：可以写下所有场景的细节。）

（2）看到未来的自己，你会对现在的你说些什么？

（3）对于当下的目标，你的具体实现步骤是什么？

（4）对于中长期目标，你认为如何才能一步一步努力达到？

小贴士

系统化的自我探索包括性格探索、兴趣探索、能力探索和价值观探索。

1. 性格探索：一个人对现实的稳定态度，以及与这种态度相应的习惯化的行为方式中所表现出来的人格特征。

2. 兴趣探索：人认识某种事物或从事某种活动的心理倾向，它以认识和探索外界事物的需要为基础，是推动人认识事物、探索真理的重要动机。

3. 技能探索：个人运用已有的知识经验，通过练习而形成的行为方式或智力活动方式。

4. 价值观探索：人基于一定的思维感官而做出的认知、理解、判断或抉择，也就是人认定事物、辨别是非的一种思维或取向。

【自我练习 1-2】梦想平衡——人生九宫格

每个人对成功的人生有不同的理解。

——工作狂，是成功的吗？

——不是，人生不是只有工作！

——有钱，是成功的吗？

——也不是，有钱没有健康，等于零！

——那什么叫成功的人生？

——平衡的人生才是成功！

1. 大学期间，你对以下事项有何规划？请填写下面的九宫格（表 1-1）：

表 1-1　　大学规划九宫格

学业规划	人际交往	休闲娱乐
个人情感	身心健康	社团活动
家庭关系	财务管理	自我成长

填完九宫格，你有什么发现？

____

____

2. 畅想并填写 10 年后的九宫格（表 1-2）。

表 1-2　　10 年后的九宫格

自我成长	自我实现	休闲娱乐
职业发展	爱好特长	家庭关系
健康管理	财务规划	重要社交

填完九宫格，你有什么发现？

3. 要从目前的状态达到十年后的状态，应该做哪些准备？

4. 如何拥有会干、会学、会玩的完整、平衡的人生？

小贴士

1. 价值是一种抽象的目标，超越具体的行动和环境。

2. 价值观提供给你内驱力，道德和规则提供给你约束力。

3. 价值观就是关于“什么是重要的”和“这些东西之间有什么关系”的观念。

【自我练习 1-3】画出我的职业感受

1. 如果用一幅画来表达你的职业感受，那将是怎样的？（职业感受可以是你对职业的理解，也可以是你向往的职业画面。）

2. 绘画完成后，回答下列问题：

（1）如果这幅画需要修改，你会改什么地方？

（2）如果把自己画在画中，你会出现在什么地方？

（3）如果还有其他人在画中，他们会在什么地方？

（4）如果这幅画不是你画的，你会觉得它有什么问题？请修正。

（5）经过修改，你有什么感受？

小贴士

绘画治疗是表达性艺术治疗的一种方法，是让绘画者通过绘画创作或欣赏画作，利用非语言工具，把不良的情绪导出，将潜意识内压抑的感情与冲突呈现出来；把愉快的情绪导入，在绘画的过程中获得抒解与满足。

【团体活动 1-1】学业与职业三叶草模型

1. 畅想自己未来的职业。填写下表（表 1-3），每项是 10 分，根据自己的评价，为每一项打分。

表 1-3　　未来职业自我评价表

定位与评分		
内容	三叶草模型对应项	得分（1～10 分）
职业让你获得新鲜感和快乐	兴趣	
职业让你有成就感和掌控感	能力	
职业让你感到幸福和满足	价值	

2. 检索你目前的学习状态。填写下表（表 1-4），每项是 10 分，根据自己的评价，为每一项打分。

表 1-4　　学习状态自我评价表

定位与评分		
内容	三叶草模型对应项	得分（1～10 分）
学习让你获得新鲜感和快乐	兴趣	
学习让你有成就感和掌控感	能力	
学习让你感到幸福和满足	价值	

3. 完美职业（学业）＝兴趣满足＋能力满足＋价值满足，如果不满足就会产生如下的情绪体验。填写下表（表 1-5），每项是 10 分，根据自己的评价，为每一项打分。注意：

厌倦＝兴趣不满足＋能力满足＋价值满足

焦虑＝兴趣满足＋能力不满足＋价值满足

失落＝兴趣满足＋能力满足＋价值不满足

表 1–5　　情绪体验评价表

情绪	得分（1～10 分）
厌倦	
焦虑	
失落	

4. 当前的学习是为了未来的职业发展，如何改善当前的不良情绪？

（1）厌倦是因为兴趣不满足，如何提高或培养兴趣？填写下表（表 1–6）。

表 1–6　　自画像

感官兴趣	自画像	自我评价（能力、价值感）
自觉兴趣（乐趣）		自我评价（能力、价值感）
志趣		自我评价（能力、价值感）

①感官兴趣、自觉兴趣和志趣的含义分别是什么？

感官兴趣：____________________

自觉兴趣：____________________

志趣：____________________

②如何将感官兴趣培养成自觉兴趣？如何由自觉兴趣发展到志趣？

____

____

（2）焦虑是因为能力不满足，如何提高能力，发挥自己的优势？

①梳理自己的能力，填写下表（表 1–7）。

表 1-7　　　　能力三核表

能力三核	你有哪些?
知识	
技能	
才干与品质	

②阅读下面的招聘启事，填写下表（表 1-8）。

某酒类贸易销售助理的职位描述。

工作职责：

整理销售资料，管理销售报表以及其他销售文件，做好归档工作；

协助销售人员完成销售数据的统计、分析等工作；

帮助团队进行公司内部部门之间的沟通及协调工作；

按时完成上级交办的其他工作。

工作要求：

学历，专科以上，有 1 年以上相关工作经验者优先；

熟练使用 OFFICE 办公软件；

工作认真细心、吃苦耐劳，有责任心及良好的团队合作精神；

沟通能力强，学习能力强；

具备一定的抗压能力。

表 1-8　　　　企业销售助理能力三核表

能力三核	销售助理
知识	
技能	
才干与品质	

③知识如何转变为技能？技能又如何转变为才干与品质？

④你理想中的完美职业是什么？你的能力与职业能力需求相符吗？

（3）失落是因为价值感不足，如何提高价值感？

①价值观是什么？

②职业价值观的含义是什么？

③定义你的核心价值观，并与他人分享。

5. 对于未来的职业，你准备做些什么？

（1）如何将兴趣转化为能力？

（2）如何用能力兑现价值？

（3）如何用价值感强化兴趣？

小贴士

著名职业规划师古典，把兴趣由低到高分为三个层次：感官兴趣、自觉兴趣和志趣。

感官兴趣：通过直观的感官刺激产生的兴趣，多由外部条件控制且不稳定。比如看电影、逛街、购物等。

自觉兴趣：这个更高一级的兴趣，是认知行为参与的兴趣，有思维的加入，可以自己把控而不再依赖外界刺激。比如你不仅对美食感兴趣，还会主动找菜谱参考或亲自动手制作等。

志趣：这是人类最高的兴趣等级，其不仅有感官和认知能力，还加入了更深层的内在动机——志向和价值观，这是一种更加强大而持久的兴趣。比如爱迪生经历一千多次失败，最终发明了灯泡。

【团体活动 1-2】生涯十字路口

1. 阅读下面的案例

小华是名本科生，成绩中等偏上，做过学生干部，能力挺强。她原打算找一份国际贸易方向的工作，但后来发现这类工作大多带有很强的销售性质，职位比较少，且主要在大城市。小华想留在父母身边，就考虑是否可以找份学校里的工作，因此在校期间她考取了教师资格证。

但是在求职的过程中，她发现自己若从事教师职业，并不占优势。因为很多中小学教师的工作都需要研究生学历，并且要求本科是师范专业，而自己本科并不是师范专业，所以没有明显的优势。

这个时候她开始后悔当初没有好好准备考研，虽然参加了研究生考试，成绩过了国家线，但是并没有过自己报考院校的复试线，只有服从调剂才能去。调剂的学校层次一般，小华不想去，并且当时为了好考，报考的是专硕。另外，读书费用高。虽然小华的父母说无论如何都会支持她，但是家里有四个孩子，她是老大，小华不想给家里增加负担。

似乎每条路都被堵死，一时间成了死局。迷茫中，小华应该如何选择呢？

2. 小组讨论

（1）影响生涯决策的因素有哪些？

____

（2）哪些想法或观点限制了小华合理而全面的思考决策？

____

____

（3）针对小华每一条有局限性的想法，有什么解决方法？我们应如何多角度地看待问题？

____

____

（4）小华该如何做决策？

对于这个问题，小华的选项都有哪些？

小华的决策权有多大？（按照 0 ～ 10 分打分，0 分代表没有决策权，10 分代表可以完全自主。）

如果小华的决策权得分少于 6 分，她该如何做？

如果小华的决策权得分大于 6 分，她最晚何时就要做出最后的决定？

小华在有决策权的情况下，该如何听取其他人的建议？

以终为始向目标，针对小华不同的短期、中期和长期目标，给出不同的决策结果。

小贴士

科学决策具有程序性、创造性、择优性和指导性的特点。科学的决策过程是决策领导、专家与实际工作者互动的过程。在这个过程中，参与决策的主体相互配合，形成一个决策过程。

《大学》有言："知止而后有定，定而后能静，静而后能安，安而后能虑，虑而后能得。"用于决策，就是说首先要知道自己的决策立场和原则，这样才能做到坚定不移；只有坚定不移才能静心而心不妄动；只有心平气和才能心安自然；只有心安才能驱除偏见，思虑周密；思考缜密才能得到科学合理的决策结果。

【团体活动1-3】以人为镜

1. 活动流程

发放周哈里窗表（表1-9）给所有参与的同学。学生本人在周哈里窗表中的A、B格中写下自我特征。A、B格遮盖住不予他人看到；询问其他同学（至少三人）对自己的看法，填在周哈里窗表中的C、D格中。

表1-9　　周哈里窗表

	自己知道	自己不知道
他人知道	A 自由活动领域（公众我）	C 盲目领域（背脊我）
他人不知道	B 逃避或隐藏领域（隐私我）	D 处女领域（潜在我）

每位学员找一个搭档，两两分组，一人为甲，一人为乙；甲向乙介绍自己是什么样的人，乙依照甲的叙述为甲画自画像，用时五分钟，五分钟后，交换进行；请甲乙两人取回对方绘画的纸张，在背面的右上角签上自己的名字。（注意：自我介绍者在说了一个缺点之后，就必须说一个优点。话语要尽可能简洁，思路要条理清晰。）

2. 小组讨论

（1）每位学员分享在活动中有什么发现？

____

____

（2）我们如何才能更好地认识自己？这三个窗口应如何调整？

____

____

（3）我发现了哪些自己不知道的优点或潜能？

____

____

（4）我如何将这些潜能迁移到其他领域？

小贴士

有人问古希腊哲学家苏格拉底："何事最难为？"他应道："认识你自己。"

心理学家鲁夫特（Luft）与英格汉（Lngram）提出了"周哈里窗"模式，"窗"是指一个人的心就像一扇窗。周哈里窗展示了关于自我认知、行为举止和他人对自己的认知之间在有意识或无意识的前提下形成的差异，由此分割为四个范畴：一是面对公众的自我塑造范畴，二是被公众获知但自我无意识范畴，三是自我有意识地在公众面前保留的范畴，四是公众及自我两者无意识范畴，也称为潜意识。即人的内在也分成四个部分：开放我、盲目我、隐藏我和未知我。

【对标学习 1-1】一个不懂资本市场的飞行器设计师不是一个优秀的复合型管理人才

小张在高考结束后稀里糊涂地选了 H 大的热门专业飞行器设计与工程专业，原因竟然是觉得这个名字听着就很高大上、说出来有面子！后来他发现，学机械制图时流的泪都是当年选专业时脑子进的水，空间想象力差的他每学期都被虐得死去活来。但好在小张自尊心强、也不乏毅力，大三时顺利取得了保研资格。其实在选择研究生方向时小张非常苦恼：明明知道自己对本专业没有兴趣，可因为不愿意放弃保研资格，所以就依然留在 H 大本专业读研。

大四时他加入学长的创业项目做 STEAM 教育，所在团队也获得了全国大学生创青春创业大赛金奖。这一年的创业经历对小张来说很重要，这一次小张真正走出校园，面对真实的市场环境，并学会了如何处理社会中复杂的人际关系。比起在实验室做实验、算数据、写文章，外面的世界似乎更让他热血沸腾，斗志昂扬。

研一时，他似乎发现了自己心之所向、梦寐以求的职业——证券分析师。他先是找到经管学院的师兄，又通过师兄介绍进入一家券商研究所实习。在过去的一年中，小张如饥似渴地学习，在学校跟着导师做项目，还考了证券从业、基金从业和 CPA 证书（会计、财管和经济法），日子过得很充实。

就在小张觉得自己成为一名证券分析师已尽在掌握之中时，市场的变化给了他当头一棒。市场行情急转直下，券商纷纷降薪裁员，加上当年又被称为史上最难就业年，小张觉得是时候放慢脚步停下来想一想，未来 3 年，5 年，10 年，20 年他自己到底想要从事一份什么样的工作。

其实小张觉得做职业规划和做投资有很多相似之处。首先要做尽职调查，先从个人角度分析：自己具备哪些能力和素质、学历、性格、过往的经历，等等，这些综合形成自己的核心竞争力，搞明白自己的核心竞争力之后，下一个问题就是自己想要什么，包括物质层面的要求和精神方面的追求，这时就要从外部环境的角度来分析了：自己想从事的行业处在哪个阶段？早期、成长期、成熟期还是衰退期，进入这个行业有哪些壁垒，未来发展的可能性有哪些等，最后分析自己的综合能力和想从事的职业是否匹配，如果有落差的话在哪里，怎么弥补，难度大不大。概括核心要义为一句话：做你大概率会成功的事。这是不是和投资很像？

那么小张的职业规划是什么呢？小张的长远目标是成为一名复合型的管理人才，他希望自己在资本运作、产业分析、组织管理三个领域都能做出成绩。小张知道这是一个特别难实现的目标，所以需要将其拆成好多个小目标逐个击破。结合自己的过往经历，小张觉得应该趁年轻尤其是上学的时候多读书，好好把握短暂且高效的学习时光，争取在毕业前考完CPA，市场行情不好的时候恰是提升自己价值的最好时间。

通过自我分析，小张觉得自己的逻辑思维能力比其他方面的能力更有优势，选择的职业道路也比较符合个人的性格特点。毕业后，小张想在“买方”沉淀三五年的时间、搭建自己的产业链分析框架，继续提高自己做投资时的逻辑思维能力，同时也拓宽自己的人脉圈。小张目前最希望的是自己能在35岁以后做一级市场风险投资的领导者，45岁以后做整合各类资源的“管理领袖”。

小张懂得在仰望星空的同时更要脚踏实地，一个不懂资本市场的飞行器设计师不是一个优秀的复合型管理人才，小张打算继续潜心学习，心怀感恩，为社会多做一点贡献。

思考：

（1）小张为什么选读了目前的专业？

____

（2）小张是如何找到自己的职业兴趣的？

____

（3）如果目前你所读专业不是你感兴趣的，你该如何找到自己的职业兴趣？

____

（4）如果目前所读专业是你感兴趣的（或者你已经找到了自己的职业兴趣），你该如何规划自己的职业生涯？

____

（5）小张的职业规划都包含了哪些内容？

（6）如何做到在仰望星空的同时脚踏实地？

【对标学习 1-2】读研还是工作，选择最适合自己的道路

阿文，北航交通科学与工程学院飞行器适航技术专业 13 级本科生，曾是第一届工商管理精品二学位班的一员。目前就职于北京飞机维修工程有限公司，从事与结构客舱相关的工作。

如果你在考研与工作之间有一些犹豫，或者你仅仅是为了考研而考研，那你可以听听她的经历与想法。

1. 了解自己

如果大一时让我做决定，我会选择考研，就像高三毕业选择高考上大学一样，考研似乎是一个必然的选择。我并没有对于某个专业的坚持，也找不到自己特别感兴趣并要为之奋斗的行业。因为上了北航，我觉得应该要学一个和飞机相关的专业才更值得，所以我转到飞行器适航技术专业。

大二时，我很幸运地赶上了工商管理二学位，当时的想法是技多不压身。那时候的我已经萌生了今后不做科研的想法，为了找寻更多的可能性，我做了这样的决定，这个决定之后让我飞速成长。

职业生涯规划课是我思考的开始。在清楚了解自己之后，我开始寻找更加适合自己的道路，选择就摆在面前，但选择并不是那么容易的。

在学长学姐和同学都选择继续深造，家人都认为读研是个更好的选择的情况下，决定做一个“异类”并不容易，孤身作战是需要勇气的。

2. 做出选择

大学阶段的学习让我清楚地认识到自己不适合做研究，研究生学历似乎对我帮助不大；更重要的是，我觉得自己在大学期间的学习状态并不好，而工作能够让我换个状态。思路一清晰，决定就不难做了。

3. 实习之路

我并没有参加校园秋招。我最初的想法是不做技术岗，计划在多数人复习考研的时候找一个实习单位。后来，因为一个机会我来到团中央。在那里我学到了很多东西，比如态度；也看到了很多需要时间积累才能学到的东西，比如处理问题和解决矛盾的技巧；同时看到了自己很多的问题，那是一些只有在工作中才能发现的问题。虽然这段实习经历并没有对我的求职产生太大的帮助，但它让我更快地进入了工作状态，并且对我的整个职业生涯都产生了很大影响。

如果你对自己的简历不太满意，或者想要在这段时间尽可能地提升自己，那么找一份实习工作是一个不错的选择。

4. 求职与工作

对于求职我并没有太多可以分享的东西，我没有经历太多的面试就拿到了比较满意的offer。之前不想做技术岗，是因为自己对做研究没有兴趣。管理岗的竞争相对更加激烈，毕竟无论什么专业的学生都可以竞争这个岗位，而面试方式通常也是难度较大的无领导小组讨论的方式。我参加的技术岗笔试都是行政能力测试，面试都是一对一问答的方式，会涉及专业问题，但都非常基础。比如，你做过什么项目，你在大学里最有成就感的一件事是什么，选择本公司的原因是什么等。

我现在从事结构客舱工程文件的评估和颁发工作，一切从头开始，半年时间都是在学习，并且还将继续学习下去，为成为一名工程师不断努力，积攒实力。

我能清楚地看到自己未来的道路，能够看到自己一步一步的脚印，不会因为未知而焦虑与迷茫，甚至还经常想在前进的道路上还有什么可以充实自己。我热爱这样行进在人生轨道上并且充满希望与活力的生活。

思考：

（1）读研还是工作，阿文是依据什么做出的选择？

____

（2）无论我们做怎样的选择，都要付出努力，阿文在选择工作时，做了哪些准备？

____

（3）如果你选择考研（工作），你要做怎样的准备？

____

（4）影响大家做选择的因素都有哪些？

____

（5）在职业生涯中，大家最迷茫和焦虑的是什么？如何控制和解决？

____

____

第二章

探索自我

知人者智，自知者明。胜人者有力，自胜者强。

——《道德经》

学习导航

- 第二章 探索自我
  - 热身场
    - 你了解自己吗
    - 为什么需要自我探索
  - 实训项目
    - 自我练习
      - 职业价值观探索
      - 自我性格探索
      - 每人都有“小宇宙”
    - 团体活动
      - 澄清职业价值观
      - 了解我和我的职业兴趣
      - 探索自身技能
    - 对标学习
      - 寿司之神——小野二郎
      - 富兰克林的性格修养计划

热身场

1. 你了解自己吗？

你的性格是怎样的？

你的兴趣有哪些？

你有哪些技能？

2. 为什么需要自我探索？

自我探索的原因有哪些？

需要从哪些方面进行自我探索？

自我探索的方法有哪些？

实训项目

【自我练习 2-1】职业价值观探索

1. 请快速回答以下问题

（1）如果你有 100 万元，你将：

（2）生活中你最想得到的是：

（3）如果你只剩下 24 小时的生命，你将：

（4）你的工作必须能给你：

（5）未来，你给你孩子的忠告是：

（6）如果在一场大火中你只能抢救出一件东西，它是：

____

（7）如果你能改变自身的一件事，它是：______________________________

____

回答完以上问题，你发现了什么？

____

____

2. 职业价值观测评

下面有 52 道题目，每个题目都有 5 个备选答案，A、B、C、D、E 分别代表“非常重要”“比较重要”“一般”“较不重要”“很不重要”。请根据自己的实际情况或想法，在题目后面圈出相应字母，每题只能选择一个答案。通过测验，大家可以大致了解自己的职业价值倾向。

（1）工作必须经常解决新的问题　　A　B　C　D　E

（2）工作能为社会福利带来看得见的效果　　A　B　C　D　E

（3）工资很高　　A　B　C　D　E

（4）工作内容经常变换　　A　B　C　D　E

（5）能在工作范围内自由发挥　　A　B　C　D　E

（6）工作能使同学、朋友非常羡慕你　　A　B　C　D　E

（7）工作带有艺术性　　A　B　C　D　E

（8）工作能使人感觉到你是团体中的一分子　　A　B　C　D　E

（9）不论怎么干，总能和大多数人一样晋级和涨工资　　A　B　C　D　E

（10）工作使自己有可能经常变换工作地点、场所和方式　　A　B　C　D　E

（11）工作中能接触到各种不同的人　　A　B　C　D　E

（12）工作上下班时间比较随便、自由　　A　B　C　D　E

（13）工作使自己不断获得成功的感觉　　A　B　C　D　E

（14）工作赋予自己高于别人的权力　　A　B　C　D　E

（15）在工作中，能试行一些自己的新想法　　A　B　C　D　E

（16）在工作中不会因为身体或能力等因素，被人瞧不起　　A　B　C　D　E

（17）能从工作中获得成就感　　A　B　C　D　E

（18）工作经常要外出，参加各种集会和活动　　A　B　C　D　E

（19）只要做这份工作，就不想再被调到其他岗位或工种上去　　A　B　C　D　E

（20）工作能使世界更美丽　　A　B　C　D　E

(21) 在工作中，不会有人常来打扰你 A B C D E

(22) 只要努力，工资会高于其他同年龄的人，升职或涨工资的可能性比干其他工作大得多 A B C D E

(23) 工作是一项对智力的挑战 A B C D E

(24) 工作要求自己能把一些事务管理得井井有条 A B C D E

(25) 工作单位有舒适的休息室、更衣室、浴室及其他设施 A B C D E

(26) 工作让自己有可能结识各行各业的知名人物 A B C D E

(27) 在工作中，能和同事建立良好的关系 A B C D E

(28) 在别人眼里，自己的工作是很重要的 A B C D E

(29) 在工作中经常接触到新鲜的事物 A B C D E

(30) 工作能使自己常常帮助到别人 A B C D E

(31) 在工作单位中，有可能经常变换岗位 A B C D E

(32) 工作作风使自己被别人尊重 A B C D E

(33) 同事和领导人品较好，相处比较随和 A B C D E

(34) 工作会使许多人认识自己 A B C D E

(35) 工作场所很好，比如有适度的灯光，安静、清洁的工作环境，甚至恒温、恒湿的等优越的条件 A B C D E

(36) 在工作中，为他人服务，能使他人感到满意，自己也很高兴 A B C D E

(37) 工作需要计划和组织别人的工作 A B C D E

(38) 工作需要敏锐的思考 A B C D E

(39) 工作可以使自己获得较多的额外收入 A B C D E

(40) 工作中的自己是不受别人差遣的 A B C D E

(41) 工作结果应该是一种艺术而不是一般的产品 A B C D E

(42) 工作中不必担心因为所做的事情领导不满意而受到训斥或经济惩罚 A B C D E

(43) 工作中和领导有融洽的关系 A B C D E

(44) 可以看见努力工作的成果 A B C D E

(45) 工作中常常需要提出许多新的想法 A B C D E

(46) 自己的工作经常得到许多人的感谢 A B C D E

(47) 工作成果常常能得到上级、同事或社会的肯定 A B C D E

(48) 在工作中，可能做一个负责人，虽然可能只领导几个人，但信奉“宁做兵头，不做将尾”的说法　A B C D E

(49) 所从事的工作，经常在报刊、电视中被提到，因而在人们的心目中很有地位　A B C D E

(50) 有数量可观的夜班费、加班费、保健费和营养费等　A B C D E

(51) 工作比较轻松，精神上也不紧张　A B C D E

(52) 工作需要和影视、戏剧、音乐、美术等艺术行业打交道　A B C D E

评分与评价：

上面的52道题，分别代表了十三项工作价值观。每圈一个A得5分、一个B得4分，一个C得3分，一个D得2分、一个E得1分。请根据下面评价表（表2-1）中每一项前面的题号，计算每一项的得分总数，把它填在表中每一项的得分栏里，然后在表格下面依次列出得分最高和最低的三项。

表2-1　评价表

得分	题号	价值观	说明
	(2)(30)(36)(46)	利他主义	工作的目的和价值，在于直接为大众的幸福和利益尽一份力
	(7)(20)(41)(52)	审美主义	工作的目的和价值，在于能不断地追求美的东西，得到美的享受
	(1)(23)(38)(45)	智力刺激	工作的目的和价值，在于不断进行智力操作、动脑思考、学习及探索新事物，解决新问题
	(13)(17)(44)(47)	成就感	工作的目的和价值，在于不断创新、不断取得成就、不断得到领导与同事的赞扬，或不断实现自己想要做的事
	(5)(15)(21)(40)	独立性	工作的目的和价值，在于能充分发挥自己的独立性和主动性，按自己的方式、步调或想法去做，不受他人的干扰
	(6)(28)(32)(49)	社会地位	工作的目的和价值，在于所从事的工作在人们的心目中有较高的社会地位，从而使自己得到他人的重视与尊敬
	(14)(24)(37)(48)	权力控制	工作的目的和价值，在于获得对他人或者事物的管理支配权，能指挥和调遣一定范围内的人或事物

续表

得分	题号	价值观	说明
	(3)(22)(39)(50)	经济报酬	工作的目的和价值，在于获得优厚的报酬，使自己有足够的财力去获得自己想要的东西，使生活过得较为富足
	(11)(18)(26)(34)	社会交际	工作的目的和价值，在于能和各种人交往，建立比较广泛的社会联系和关系
	(9)(16)(19)(42)	安全感	不管自己能力怎样，都希望在工作中有一个安稳的局面，不会因为奖金、工资、工作调整或领导训斥等感到焦虑
	(12)(25)(35)(51)	舒适安逸	希望能将工作作为一种消遣、休息或享受的形式，追求比较舒适、轻松、自由、优越的工作条件和环境
	(8)(27)(33)(43)	人际关系	希望一起工作的大多数同事和领导人品好，相处时感到愉快、自然，认为这就是很有价值的事，是一种极大的满足
	(4)(10)(29)(31)	追求新意	希望工作内容经常变换，工作和生活可以变得丰富多彩，不单调枯燥

从得分最高和最低的三项中，可以大致看出自己的价值倾向，在选择职业时可以参考。

得分最高的三项是：

1. ____________ 2. ____________ 3. ____________

得分最低的三项是：

1. ____________ 2. ____________ 3. ____________

注：职业价值观测评只是给出一个解释的可能、一个参照的途径，但不代表一定要严格按照它的解释去执行。

小贴士

唐纳德·舒伯（Donald E. Super）及其他心理学家研究发现，价值观是影响生涯决策的因素之一，价值观与工作的满意程度有关。当人们遵循自己的价值观工作时，会有最大程度的满足感和幸福感。通过探索自己的价值观类型，明确个人职业价值观，可以掌握价值观在职业生涯规划中的作用，了解价值观对于职业选择及职业发展的影响，深化自我认知，帮助自己调整职业生涯规划方案。

【自我练习 2-2】自我性格探索

1. 画猪测试

测测你是什么样的性格类型。找一支笔，在下方空白处用最短的时间画一只小猪。你想怎么画就怎么画。图画解析详见后面的“小贴士”。

2. 职业性格测试

请回答下面的测试问卷。每题考虑的时间不得超过 10 秒钟，尽量用直觉来回答。记好你所选的字母选项。

（1）认识你的人倾向形容你为：

（F）热情和敏感。　　（T）逻辑和明确。

（2）你倾向通过以下哪种方式收集信息：

（N）你对有可能发生之事的想象和期望。

（S）你对目前状况的实际认知。

（3）你把大部分和别人的相遇视为：

（F）友善及重要的。

（T）另有目的。

（4）你倾向拥有：

（E）很多认识的人和很亲密的朋友。

（I）一些很亲密的朋友和一些认识的人。

（5）你倾向相信：

（N）你的直觉。

（S）你直接的观察和现成的经验。

（6）你是这种人：

（N）喜欢先纵观全局。

（S）喜欢先掌握细节。

（7）你是这种类型的人：

（N）与其活在现实中，不如活在想象里。

（S）与其活在想象里，不如活在现实中。

（8）哪一项较常见：

（J）你准时出席而其他人都迟到。

（P）其他人都准时出席而你迟到。

（9）你是此类型的人：

（J）喜欢在一段时间里专心于一件事情直到完成。

（P）享受同时进行好几件事情。

（10）你倾向如此做决定：

（F）首先依你的心意，然后依你的逻辑。

（T）首先依你的逻辑，然后依你的心意。

（11）你倾向从何处得到力量：

（E）朋友。

（I）自己的想法。

（12）你倾向比较能够察觉到：

（F）当人们需要情感上的支持时。

（T）当人们不合逻辑时。

（13）你选择的生活充满着：

（J）日程表和组织。

（P）自然发生和弹性。

（14）你喜欢________的人：

（J）下定决心并且做出最后肯定的结论。

（P）放宽你的选择面并且持续收集信息。

（15）当你参加一个社交聚会时，你会：

（E）在夜色很深时，一旦开始投入，也许就是最晚离开的那一个。

（I）当夜晚刚开始的时候，就感觉疲倦并且想回家。

（16）在约会中，你通常：

（E）整体来说很健谈。

（I）较安静并有所保留，直到你觉得舒服。

（17）过去，你的朋友和同事倾向对你说：

(E) 你难道不可以安静一会儿吗?

(I) 可以请你从你的世界中出来一下吗?

(18) 当你置身于一段关系中时，你倾向相信:

(N) 永远有进步的空间。

(S) 若它没有被破坏，不予修补。

(19) 你通常:

(N) 偏向于想象一大堆关于即将来临的约会的事情。

(S) 偏向于拘谨地想象即将来临的约会，只期待让它自然地发生。

(20) 当你对一个约会觉得放心时，你偏向谈论:

(N) 未来，关于改进生活的种种可能性。例如，你也许会谈论一个新的科学发明，或用一个更好的方法来表达你的感受。

(S) 实际的、具体的、关于"此时此地"的事物。例如，你也许会谈论品酒的好方法，或你即将要展开的新奇旅程。

(21) 当和某人分手时:

(F) 你通常让自己的情绪深陷其中，很难抽身出来。

(T) 虽然你觉得受伤，但一旦下定决心，你会直截了当地将过去恋人的影子甩开。

(22) 若你有时间和金钱，你的朋友邀请你到国外度假，并且在前一天才通知你，你会:

(J) 必须先检查你的时间表。

(P) 立刻收拾行装。

(23) 过去，你遇见的大部分的异性朋友是:

(E) 在宴会中，或通过朋友介绍。

(I) 通过私人的方式，例如个人广告、录影约会，或是由亲密的朋友和家人介绍。

(24) 当与一个人交往时，你较看重:

(F) 情感上的相容性：表达爱意和对另一半的需求很敏感。

(T) 智慧上的相容性：沟通重要的想法；客观地讨论和辩论事情。

(25) 在第一次约会中:

(J) 若你所约的人来迟了，你会很不高兴。

(P) 一点儿都不在乎，因为你自己常常迟到。

（26）你偏好：

(J）事先知道约会的行程：要去哪里、有谁参加、你会在那里多久、该如何打扮。

(P）让约会自然地发生，不做太多的计划。

（27）当你不同意恋人的想法时：

(F）尽可能地避免伤害对方的感情；如果会对对方造成伤害，你就不会说。

(T）你通常毫无保留地说话，并且对恋人直言不讳，因为你认为对的就是对的。

（28）下列哪一件事听起来比较吸引你？

(E）与恋人到有很多人且社交活动多的地方。

(I）待在家中与恋人做一些喜欢的事情，例如观赏一部有趣的电影并享用你最喜欢的食物。

小贴士

1. 画猪测试解析

如果猪被画在纸张的上半部分，说明你是一个积极的、乐观的人。

如果猪被画在纸张的中间部分，说明你是个现实主义者。

如果猪被画在纸张的下半部分，说明你是个有点悲观，且充满危机感的人。

如果猪面向左，说明你比较传统，并且很友好，能够很清晰地记住一些特别的日期。

如果猪面向右，说明你富有创新精神并且积极主动，但是对家庭和日期没有什么概念。

如果猪被画得非常细致，说明你有较强的分析能力，做事谨慎小心，并且常对事情持怀疑态度。

如果猪被画得很简单，说明你是一个情绪化的、天真的，并且对细节不在意，勇于冒险的人。

如果画的猪不是4条腿，说明你可能没有安全感，或者正处于一段变动的生活中。

你画的猪的耳朵越大，越说明你是一个好的听众。

你画的猪的尾巴越长，说明你对自己的生活越满意。

2. 职业性格测试分析

根据上述问题的答案可以得到你的 MBTI 性格类型，如果在你所偏好的字母上得分是 4 分，那表示这个偏好是中度的。得 5 分或 6 分表示渐强的偏好。而 7 分则代表非常强烈的偏好，当它们合并起来时，将决定你的性格类型。

【自我练习 2-3】每人都有“小宇宙”

对下面的经历进行分析，尽可能全面地列出你所掌握的技能，再从中挑选出你自己感觉比较精通和你在工作中应用或希望应用的技能，最后排列出对你来说最重要的五项技能。

（1）在学校开设的课程中学到的（如英语、电脑、操作技能等）：____________

____

（2）在工作（包括兼职或暑期社会实践）中学到的（如电脑绘图技能等）：____

____

（3）从课外培训、辅导班、研讨班中学到的（如绘画技术等）：____________

____

（4）从专业会议中学到的（如大学生如何处理人际关系等）：____________

____

（5）从志愿者工作中学到的（如何照看孤寡老人等）：____________

____

（6）从业余爱好、休闲娱乐、社团活动中学到的（如摄影、缝纫技术等）：____

____

（7）通过自学、看电视、听收音机、请教等方式学到的（如钢琴弹奏、PPT 制作技术等）：____

____

（8）对你来说最重要的五项技能是：____________

____

盘点了自己现有的技能后，把你的思绪转向未来，想想哪些技能你目前还不具备，但希望自己拥有。可以通过什么途径来获得这些技能。

（9）我尚不具备但希望拥有的技能：________________________

____

（10）我计划通过以下途径掌握以上技能：________________________

____

小贴士

每个人都是独一无二的，这种独特性是多来源的产物，包括遗传、家庭、社会文化背景、教育背景等。每个人都不可能完全了解自己。进行科学、客观的自我探索，是获得个人职业生涯发展的首要前提，也是当代大学生进行职业生涯规划和提升的必要条件。

【团体活动 2-1】澄清职业价值观

下面是一些可以帮助你进行职业价值观探索的练习和活动。请仔细阅读每个练习的指导语，按要求进行。

1. 价值观选择

人际关系/归属感、团队合作，物质保障/高收入，稳定，安全，创造性，多样性和变化性、新鲜感，乐趣，自由独立（时间、工作任务），被认可，受尊重，能帮助他人，能发挥自己的才能，成就感，成功，名誉，地位，有学习/发展/成长的机会，权力（领导、影响他人），有益于社会，有挑战性、冒险性，有竞争，符合自己的道德观，工作与生活平衡，家庭，朋友，亲密关系，信仰，健康，自由……

（1）参照以上价值观，从中选出你认为最重要的五条价值观，分别写在5张小纸条上。

（2）在每张小纸条的背面对你挑选的重要价值观进行描述，即说明需要达到什么样的程度你才能满意。

（3）现在，如果你不得不放弃其中的一条，你会放弃哪一条？将你准备放弃的这一条与其他同学交换。

（4）接下来，如果你不得不再次放弃剩余四条中的一条，你会放弃哪一条？请再次与其他同学交换（保留刚才别人给你的，放在一边）。

（5）继续下去，直到剩下最后一条。这一条是否是你无论如何也不愿意放弃的？

小组讨论：

（1）通过这个活动，你对自己的价值观有了怎样的了解？

____

（2）你的价值观会对你的职业选择和人生产生什么样的影响？

（3）影响你价值观形成的因素包括哪些？

2. 生存选择

灾难过后，只有 10 名幸存者，但是由于生存物资紧缺，只有 6 人能最终活下来，请你在他们之间做出选择：

小学教师、小学教师怀孕的妻子、流行歌手、网球健将、年老的僧人、外国旅游者、16 岁少女、警察、作家、患有慢性病的病人。

（1）先在纸片上写下自己的选择。

（2）在小组内呈现自己的选择并说明选择的理由。

（3）在规定的时间内进行组内讨论，并且最终统一选择。

（4）在最终的选择中，最没有争议的选项是哪一个？最有争议的选项又是哪一个？

（5）小组内是如何达成最终一致的？在这个过程中，你有哪些感受？

3. 工作价值观的拍卖会

在这个拍卖会上，每个“买家”都只有 1 万元的拍卖经费。在拍卖开始之前，作为“买家”，你需要先做经费预算，可以将 1 万元全部花在一个项目上，也可以分别花在几个项目上，并将你的预算金额填入表格（表 2-2）中的第一列。当然，在真正举牌竞价时，不要被自己预算的金额所限制，只要你认为值，可以花更多的钱买下某个项目，只是总数不要超过 1 万元。不管最后是否得到这个项目，请在表格的第二列中填上你为这个项目所出的最高价。如果在某个项目上拍卖成功，那么所花的钱需从 1 万元中扣除，你只能用剩余的钱参加下个项目的竞价。

每个项目起拍价为 100 元，每次以 100 元的整倍数进行叫价。任何项目的叫价一旦达到 1 万元，就要停止该项目的竞价，并由出价 1 万元的买家获得该项目。

这是个团队活动，由公正的“拍卖师”主持拍卖会，拍卖项目由“拍卖师”从表格中随机抽取。

表 2-2　　　　　　　　**工作价值观的拍卖清单**

待出售的职业： 能够让我……的职业	你的预算金额	你的最高价格	你赢得的项目	与项目有关的价值
1. 具有吸引力，让每一个认识自己的人都喜欢自己。 2. 拥有健康——长寿而且没有疾病。 3. 有清晰的自我认识，知道自己是谁。 4. 每年至少赚 100 万元。 5. 成为团体中最有影响的人。 6. 有时间过愉快且有意义的家庭生活。 7. 为自己的信仰献身。 8. 参加社会活动，如音乐会、戏剧、芭蕾表演或体育运动。 9. 在一个没有歧视、欺骗和不公正现象的环境中工作。 10. 为弱势群体竭诚服务。 11. 任何时候都能让自己做喜欢做的事。 12. 有一份稳定的工作和收入。 13. 能够寻找到生活的意义和真谛。 14. 精通专业，在所做的一切事情上都能取得成功。 15. 有学习的条件——有所需的全部书籍、电脑和各种辅助物。 16. 创造一个能让人们自由地给予和付出爱的气氛。 17. 冒险、迎接挑战，过精彩的人生。 18. 产生新思想，创造新的行为方式。 19. 自由决定工作的条件、时间、位置和着装等。 20. 制作有吸引力的物品，为世界增添美丽。 21. 获得全国和世界性的荣誉和名望。 22. 休长假，什么都不做，只要开心玩乐。				

拍卖结束后，思考你选择的项目，每个选择的项目都可能代表你的好几种价值追求。想一想，当选择某一个项目时，你脑海中真正想要的价值是什么，并填入表（表 2-2）中的第五列。

如果真正参与了竞拍，跟其他人为了某个项目而竞争，你的感受是否有所不同？

____

____

每个项目的出价接近你的预算吗？在拍卖中，你的情绪是否打乱了原先的计划？

____

____

小贴士

表 2-3 列出了一些可能的价值：

表 2-3　　工作价值拍卖表中所涉及项目的价值

待出售的职业：一个能让我……的职业	有关项目的价值
1. 有吸引力，受人欢迎的	容貌，被赏识
2. 健康状况良好	身心健康
3. 真正地了解自己	智慧，自我了解，内心和谐
4. 每年赚 100 万	财富，高收入
5. 最有影响力	权利，领导能力，晋升
6. 有一个温馨的家庭生活	家庭关系、生活方式
7. 参加社会活动	审美，休闲，刺激
8. 不抱偏见	公平、正义、诚实、道德
9. 给弱势群体以帮助	利他主义，帮助他人，友谊
10. 做喜欢做的事情	自主、独立的生活方式
11. 有自己渴望的工作或收入	工作有保障，有稳定、固定的工作收入
12. 了解生活的意义	智慧，真理，个人的成长
13. 达到精通和成功	成就，技能，赏识
14. 获得良好的学习条件	知识、智力方面的鼓励
15. 付出和接受爱	慈爱、爱、友谊
16. 冒险，迎接挑战	冒险、兴奋、竞争
17. 产生新思想	创造性、多样性、变化性
18. 自主决定工作条件	自由、独立，个人权利
19. 为世界奉献美	审美，艺术性的创造
20. 赢得荣誉和声望	被赏识，炫耀，有威望
21. 休长假	休闲时间，放松，健康

注意：与这些项目相关的价值不仅限于这里所提到的这些。这个价值列表只是建议性的，你可以加上其他的价值。

【团体活动 2-2】了解我和我的职业兴趣

（一）我是谁?

1. 活动内容

写出 20 句“我是一个________的人”，要求尽量选择一些能反映个人特点的语句，避免出现类似“我是一个女生”这样的句子。

我是一个____的人。

我是一个____的人。

……

2. 具体步骤

（1）将陈述的20项内容做如下归类。

①身体状况（体貌特征，如年龄、体形、是否健康等）。

编号：____。

②情绪状况（常持有的情绪情感，如乐观开朗、振奋人心、烦恼沮丧等）。

编号：____。

③才智状况（智力、能力情况，如聪明、灵活、迟钝、能干等）。

编号：____。

④社会关系状况（与他人的关系，如如何和他人相处；对他人常持有的态度、原则，如乐于助人的、爱交朋友的、坦诚的、孤独的等）。

编号：____。

⑤其他

编号：____。

（2）评估对自己的陈述是积极的还是消极的。在列出的每句话的后面加上正号（＋）或负号（－）。正号表示“这句话表达了你对自己肯定、满意的态度”，负号的意义则相反，表示“这句话表达了你对自己不满意、否定的态度”。看看你的正号与负号的数量各是多少。

如果正号的数量大于负号的数量，说明你的自我接纳状况良好。相反，如果负号数量接近一半甚至超过一半，这表明你不能很好地接纳自己，自尊程度较低，这时你需要反省一番，寻找问题的根源。比如，是否过低地评价了自己？是什么使你成为这样？有没有改善的可能？

（3）分组交流。将全体成员按4～6人一组进行分组，在组内交流。交流对自己的认识以及对活动的感受。

____

____

（4）团体内分享。每组派一名代表在班内交流小组讨论结果或个人体会。

（二）假如我有七天假期

你刚好有七天假期，便计划前往远方一处新开发的岛屿群度假。旅行社经理向你推荐这个旅游景点："这是我们和当地旅游局合作开发的新景点，一共有六个各具特色的岛屿。如果时间允许，可以前往其中的三个岛屿，各停留几天，保证你能游遍岛上风光。"

以下是旅游手册上关于这六个岛屿的特色介绍。

A 岛：美丽浪漫岛。岛上有美术馆、音乐厅，到处弥漫着浓厚的艺术文化气息。同时，岛上还保留了原住民的传统舞蹈、音乐与绘画，许多艺术家都喜欢来这里找寻灵感。

I 岛：深思冥想岛。岛上人烟稀少，平畴绿野，适合夜观星象。岛上有多处天文馆、科博馆以及科学图书馆等。岛上居民喜好思考、追求真知，喜欢和来自各地的哲学家、科学家、心理学家等交流心得。

C 岛：富有现代气息的岛。岛上建筑十分现代化，是先进的都市形态。岛民个性冷静保守，处事有条不紊，善于组织规划，且细心高效。

R 岛：自然原始岛。岛上有热带植物，自然生态维护得很好，还有动物园、植物园、水族馆。岛上居民自己种植瓜果蔬菜、修缮房屋、打造器物、制作工具，喜欢户外运动。

S 岛：温暖友善岛。岛上居民个性温和、十分友善，岛上充满人文气息。

E 岛：显赫富庶岛。岛上的居民热情豪爽，擅长企业经营和贸易，岛上经济发达。

活动步骤：

1. 假如你仅有七天难得的假期，你会考虑到哪三个岛屿度假呢？你的优先选择是什么？（请按优先选择顺序填写。）

选择 1：______岛，因为____。

选择 2：______岛，因为____。

选择 3：______岛，因为____。

2. 如果你有机会参与政府决策，你会期待将这座城市建设成哪一个岛屿呢？或者你期待未来能在哪一个岛屿上工作和生活？（请按优先选择顺序填写。）

选择 1：______岛，因为____。

选择 2：______岛，因为____。

选择 3：______岛，因为____。

3. 想象一下，如果你已老去，希望能找到一个最适合你的退休居所，那么哪一个岛屿最能吸引你？（请按优先选择顺序填写。）

选择 1：______岛，因为____。

选择 2：______岛，因为____。

选择 3：______岛，因为____。

小贴士

6 座岛屿实际代表着霍兰德提出的 6 种典型的职业兴趣类型。其中，第一个是主要兴趣，第二、第三个是辅助兴趣。做完这个活动后，你应该可以得出自己最有兴趣的 3 个类型，即你的霍兰德代码，并且能够对这 6 种类型的基本特征有所了解。需要注意的是，这个测试只是对你的职业兴趣类型的初步判断，不一定特别准确。

【团体活动 2-3】探索自身技能

通常，如果要一个人列出他的技能清单，他往往写不出什么。但实际上，很多时候人们已经从生活、工作经历中掌握了数以百计的技能，只是还不善于总结、归纳，并将其运用到职业生涯中。

以下是一些小练习，可以帮助你展开对自身技能的探索。

（1）自我夸奖

①请尽可能多地写出自己拥有的技能，并两人一组进行分享。

____

____

②思考：自己真的拥有这些技能吗？有什么依据？

____

____

（2）成功实践检索

请回顾一下最让自己有成就感的 5 件事情，并分析能从中获得成就感的原因。

①____

②____

③____

④____

⑤____

(3) 技能排序

和同学们一起分析上面的事情分别使用了哪些技能。有没有重复出现的技能？如果有，那它们就是你热衷展示和擅长的技能。请将这些技能按优先次序加以排列。

【对标学习 2-1】寿司之神——小野二郎

出生于1925年的小野二郎，是全球最年长的米其林三星寿司大厨。他的寿司店位于银座办公大楼地下室，从外观看来朴素无比，甚至有点寒酸，一共只有十个座位。但就是这般寒酸的餐厅，顾客必须提前一个月订位，人均消费数百美元（最低消费三万日币），用过餐后所有人会感叹，这就是“值得一生等待的寿司”。

小野二郎从市场上买最好的鱼、最好的虾和最好的米。“每种食材都有最美味的理想时刻，要把握得恰到好处。”“章鱼的处理要花更长的时间，章鱼需要手工按摩，才能使其肉质更加细腻鲜美。”他强调自己是一个真正的职业人——会找到最好的食材，用自己的方式处理。他不在乎钱和成本，只为做到最好。严谨、自律、精准、追求极致是他对待工作的态度，永远以最高标准要求自己和学徒，为了保护这双创造世界顶级寿司的手，甚至不工作时他也戴着手套，连睡觉也如此。

他用最完美的方式做寿司，同样用最精心的服务照顾客人。他会根据顾客的性别调整寿司大小，根据用餐习惯精心安排寿司顺序。他从头到尾只做寿司，好让顾客全身心地领略寿司之美。在制作过程中，他格外冷静、严肃，举手投足都具有仪式一般的庄重感。虽然人均消费数百美元，但所访食客均表达了他们难以言喻的美好感受。

顶级的食材、娴熟的手艺和对客人的重视，使得二郎寿司值得人们一等再等。小野二郎表示自己从未厌倦过这份工作，即便已经为之投入一生。如今他已90多岁高龄，还执着在自己的寿司旅程中。他曾说，“你必须要爱你的工作，你必须要和你的工作坠入爱河，即使到了我这个年纪，工作也还没有达到完美的程度，我会继续攀爬，试图爬到顶峰，但没人知道顶峰在哪里”。

思考：

(1) 通过上述故事，你认为热爱工作对个体职业发展有什么意义？简要说明一下。

（2）“你必须要爱你的工作，你必须要和你的工作坠入爱河”，这句话说明了什么？

（3）结合教材及案例，简述兴趣在职业发展中有什么作用和影响，二者的关系如何？

【对标学习 2-2】富兰克林的性格修养计划

美国科学家富兰克林年轻时就下决心“克服一切坏的自然倾向、习惯或伙伴的吸引”。为此，他给自己制定了一项包括13个项目在内的性格修养计划：节制、静默、守纪律、果断、俭约、勤勉、真诚、公平、稳健、整洁、宁静、坚贞和谦逊。为了监督自己逐条执行，他将这些内容记在小本子上，画出七行空格，每晚进行自我反省。如果日间犯了某一种过错，就在相应的空格上记下一个黑点。他希望通过长年累月的自我反省和自我要求，能够完全消灭那些黑点。后来他终于实现了自己的目标。

富兰克林职业性格的形成，正是其自我严格要求的结果。我们可以从生活、学习、工作、对人对己的思想行为方面入手，通过自我分析、自我评价、自我监督、自我誓约等来自我要求、自我教育。通过严格要求自己来提高自己的职业性格素养。

思考：

（1）从富兰克林的故事中，你得到了什么启发？

（2）你认为性格与职业有关系吗？请简要说明一下二者之间的关系。

（3）结合材料进行思考，怎样可以提高自己的职业性格素养？

（4）结合教材中的职业性格探索方法，对自己的职业性格进行探索。

第三章

走进工作世界

读万卷书，行万里路。

——（明）董其昌

学习导航

- 第三章 走进工作世界
  - 热身场
    - 职业对一个人意味着什么
    - 探索工作世界对大学生求职有什么帮助
    - 求职前你最想了解有关工作世界的哪些信息
  - 实训项目
    - 自我练习
      - 画出你眼中的工作世界
      - 搜集职业信息
      - 寻找你与未来职业的差距
    - 团体活动
      - 职业分析清单 1：工作性质、所需经验和能力
      - 职业分析清单 2：薪酬福利、工作条件和工作地点
      - 职业分析清单 3：职业典型特征、发展前景和职业评价
    - 对标学习
      - 资深会计的经验之谈
      - 产品经理的一天

热身场

1. 职业对一个人意味着什么？

你理解的职业是什么？

____

职业对于你来说意味着什么？

____

2. 探索工作世界对大学生求职有什么帮助？

探索工作世界包括哪些内容？

____

你能够从哪些维度描述自己感兴趣的职业？

____

你为什么要在大学期间探索工作世界？

____

3. 求职前你最想了解有关工作世界的哪些信息？

你获取工作世界信息的途径有哪些？

____

你所关注的职业有什么专业和能力要求？

____

____

实训项目

【自我练习 3-1】画出你眼中的工作世界

请你用彩笔在白纸上画出自己眼中的工作世界。注意：这里不强调画图的美术水平，只要能表达自己对工作世界的想法就好。

1. 请说明你这幅图画中，各图案所代表的含义：

图案 1 ________，含义是：______________________________

图案 2 ________，含义是：______________________________

图案 3 ________，含义是：______________________________

图案 4 ________，含义是：______________________________

图案 5 ________，含义是：______________________________

2. 色彩和结构布局等代表的含义是什么？

小贴士

每个同学的图画所表达的意涵都是不同的，每个人对将来想要从事的工作都有自己的憧憬，对工作所代表的意义也有不同的认识，这幅画呈现的是你对将来所从事工作的环境和条件的认知。同学们只有清晰、全面地了解工作世界，仔细了解企业的用人要求及职业发展的规律等，才能结合自己的特点找到适合自己的工作。

【自我练习 3-2】搜集职业信息

1. 我学的专业是：________

咨询本专业负责就业工作的老师，或访问本专业至少 8 位校友（通过这些校友再了解其他校友），然后填写以下信息：

（1）校友中从事与本专业直接相关的职业有哪些？

（2）校友中从事与本专业间接相关的职业有哪些？

（以上就是所学专业对应的职业群）

（3）与本专业对应职业群有关的职业资格有哪些？

（4）校友中从事与本专业无关的职业有哪些？

2. 我初定的目标职业是什么？

3. 通过走访职场人士及其他方式，我了解到与这个职业相关的课程有哪些？

4. 为了目标职业，我还需要准备什么？

小贴士

对职业信息进行搜集是为了找到通往就业的大门，为了对职业进行了解和判断。然而要真正跨过就业的门槛，还需要对职业信息进行正确的分析和应用。大学生的择业期望要符合现时的就业形势，同时也要符合自身的实际情况，在此基础上，选择最适合自己的职业和岗位进行重点攻关，才能提高就业成功的机率。

【自我练习 3-3】寻找你与未来职业的差距

通过上网搜索、访谈职场人士等途径，整理以下内容。

1. 个人部分

（1）你所感兴趣的职业是：________________

（2）你所具备的专业能力与知识有：________________

____

（3）你所具备的非专业能力与素质有：________________

____

2. 用人单位信息清单

（1）单位名称、单位类型、组织文化、组织结构、制度、政策等：________________

____

（2）人员结构特点（学历、年龄、性别等）：________________

（3）择才标准：________________

（4）工作职责：________________

（5）其他：________________

3. 你与用人单位要求的差距有哪些？

____

4. 你需要做什么来缩小差距？

____

小贴士

对于个人来说，了解自己的才干与能力，找到与其相对应的工作是发展最迅速的方式，而对于组织来说，他们同样迫切希望人岗匹配。大学生越早对自己的职业进行规划，明确目标职业甚至目标企业和岗位，并按照目标岗位要求有针对性地进行自我提升，就越能提高求职成功的概率。

【团体活动 3-1】职业分析清单 1：工作性质、所需经验和能力

1. 活动流程

（1）将所有同学分成 6 ～ 8 人的小组。

（2）指导语：2020 年 7 月 6 日，人社部联合国家市场监管总局、国家统计局向社会发布了包括“区块链工程技术人员”“互联网营销师”“在线学习服务师”“老年人能力评估师”“城市管理网格员”“信息安全测试员”“区块链应用操作员”“社群健康助理师”“增材制造设备操作员”等在内的 9 个新职业，这是我国自《中华人民共和国职业分类大典（2015 年版）》颁布以来发布的第三批新职业。那么，了解一个职业，到底要了解些什么呢？《职业分析清单》可以帮助我们比较全面地了解职业信息。这次的活动我们主要讨论某种职业的工作性质、所需的教育背景、相关的培训经历以及要求的个人资历、技能和能力。

（3）每个小组选取一个要讨论的职业。

2. 小组讨论

（1）职业性质

①该职业生产的产品或提供的服务是什么？

____

②该职业所满足的社会需要和工作目的是什么？

____

③该职业的主要职责是什么？

____

④该职业中的类别有哪些？

____

⑤该职业所使用的设备、工具、机器和其他辅助物品是什么？

____

（2）所需的教育培训和经验

①进入该职业所要求的（或有用的）大学或高中课程

____

②进入该职业所需要的工作经验

____

③进入该职业所需要的教育、培训经历

____

④由雇主所提供的在职培训

(3）要求的个人资历、技能和能力

①该职业所需的能力、技能或能力倾向

②该职业的体力要求（如举起重物、长时间站立）

③其他的身体要求（如良好的视力或听力、非色盲、能攀爬等）和个人兴趣（与数据、人或事物打交道）

④特殊能力需要达到的标准（如一分钟至少能打60个字）

⑤执照、证书或者其他法律方面的要求

【团体活动3-2】职业分析清单2：薪酬福利、工作条件和工作地点

1. 活动流程

原小组不变，根据团体活动3-1中确定的职业，继续讨论如下内容。

2. 小组讨论

(1）薪酬范围和福利

①薪酬范围（起薪、平均工资和最高薪酬，注：所在地区不同薪酬也有所不同）

②通常提供的福利（保险、公积金、带薪假期、病假等）

(2）工作条件

①物质条件和安全条件

②工作时间

③能否发挥主动性、创造性，自我管理和得到学习的机会

④需要工作者自备的设备、物品和工具

⑤要求具备的工会和职业协会的会员资格

⑥出差方面的要求

（3）工作地点

①该工作所处的地理位置（全国性的或只存在于某个特定地区或城市）

②该工作地点的发展机会

【团体活动3-3】职业分析清单3：职业典型特征、发展前景和职业评价

1. 活动流程

原小组不变，根据团体活动3-1中确定的职业，继续讨论如下内容。

2. 小组讨论

（1）该职业中的典型人群及其特征

①该职业中大多数人的人格特征

②年龄范围、男性和女性的比例、学历情况

③外籍人士的比例及岗位

（2）就业和发展前景

①进入该行业的通常的方法

②地方、省和全国范围内的就业趋势

③提升的机会和发展路径（你从哪里开始？预计什么时候达到什么位置？）

④该行业中的工作稳定性

（3）职业评价

①在该职业所体现的价值中，哪些符合你的价值观（如收入、成就、安全感、独立性、创造性、可变性、能否帮助他人、社会声望以及认可度）？

②他人和社会对于该职业的看法（关于这种职业他们认可什么，不认可什么）

小贴士

以上三张职业分析清单罗列了人们在进行职业选择时会考虑的因素，同学们可以根据自己的需要，选取其中的项目，有针对性地通过网络查询、生涯人物访谈等方式进行了解与探索。

【对标学习 3-1】资深会计的经验之谈

月初和月末都是会计最忙碌的时候，要做资材盘点、编制报表、纳税申报等工作。虽然我们没有孙悟空 72 变的本领，但是我们可以通过练就技能、提高效率来避免“996”的工作模式。

1. 时间管理

（1）清单管理

每天早上 8 点半，我都会先列出当天的工作，并根据轻重缓急排序。列个清单，明确自己的方向，快速地处理各种问题。

（2）设定时间限制

月底，我会给每一项工作设定完成的时间，这样能督促自己快速地工作，与时间赛跑。

资深会计的好经验：磨刀不误砍柴工。其实，列一份管理清单或者设定时间限制，所需时间大概是 10 分钟左右，但是这样能够让我们在有限的时间里，更加快速地处理各种工作。清单管理最重要的一点就是做到拒绝拖延，每天列出的清单，当天都要处理，日清月结。

2. 对下一道工序认真负责

在我们公司的企业文化中，有一条就是对下一道工序负责。工作越久越会发现，日常工作所需的时间，远远不及工作做错、再修正错误所花的时间；如果能将错误减少，你的一天至少有 1/5 的时间可以用来喝下午茶。

资深会计的好经验：工作的时候必须认真，对下一道工序负责，只有不给别人添麻烦，别人才不会麻烦自己。我习惯一次性把工作做到位，这样能为我省去很多麻烦，还能省下时间来做自己的事情。

3. 持续学习，提升技能

财务其实是一个博大精深的行业。很多人对于工作也仅是停留在表面，没有往更深层去探索。只有不断追求优秀和卓越，才能给自己带来更多的可能。

用好 Excel，可以极大地提高工作效率。这个是大家都知道的，但是又有多少人能把 Excel 用到炉火纯青的境界呢？

资深会计的好经验：手动复制粘贴表格，工作量真的很大，但是如果你会使用 Excel 中的自动合并功能就能简化步骤、减少工作量，整个过程也就 3 步：指定文件→自动合并→生成结果。

实际上，工作中很多被忽视的神技可以帮我们大幅提高工作效率，我每天都会在干完活临近下班的十分钟学习一个 Excel 公式，日积月累，我就会和别人不一样。

4. 是五年前的你，造就了今天的你！而现在的你，又会造就未来的你！

五年虽长，但日子一天天过下去，也不过是瞬间，努力的一天和颓废的一天，见不到多大的差别，但是努力的五年和颓废的五年，差距一定很大。

资深会计的好经验：工作时，就尽情忘我地工作；休息时，就尽情彻底地放松。对工作，不做无谓的抱怨，你能改变自己的境遇吗？如能，就立刻改变，如不能，就请认真工作，再慢慢寻找合适的突破口。

告别“996”不难，难的是你愿意去思考，做出改变，去改善自己的工作方法。

思考：

（1）这位资深会计提到的时间管理，你觉得有用吗？如果是你，你会怎样管理自己的时间？

____

____

（2）这位资深会计提到的认真，对下一道工序负责，你是怎样理解的？

____

（3）对于这位资深会计提到的持续学习，提升技能，你是怎样理解的？

____

（4）“是五年前的你，造就了今天的你！而现在的你，又会造就未来的你！”你对这句话是怎样理解的？你准备怎么做？

____

（5）在这位资深会计给出的工作经验中，你印象最深刻或感悟最深的是哪一条？为什么？

【对标学习 3-2】产品经理的一天

产品经理的日常工作状态其实就是三步走的过程：想创意，写策划，推方案。

创意肯定不能凭空而生，创意产生的基础是需求分析，包括商业需求分析、市场需求分析和产品需求分析。

一般而言，做产品肯定是基于一个平台或者 APP，围绕现在的产品缺陷进行改进。比如平台界面操作复杂，隐藏功能太多等，这是基于存在的缺陷进行优化。还有很多情况是用户用起来感觉缺少什么功能，如果添加某种功能让使用变得更加方便快捷，就能触达用户痛点，这也是对产品的改进。

这个时候需要做用户调研，大公司通常会设置专门的用户研究部门和岗位来负责此部分工作。但一般公司都是由产品经理进行对接，我们需要设计调查问卷，明确调查目的、受众人群、主要内容，设置发放形式，调查可用的资金等，或者是组织线上和线下的用户访谈，了解用户的真实需求，进行信息收集。

紧接着需要对历史版本进行复盘，收集数据，看主要的痛点在哪里，市场上的同类产品的亮点在哪里，即对市场进行研究。我们需要体验竞品，产出竞品分析报告，报告最好是有直接的数据支撑或者相关的机构研究论文来支持。

这一切都搞定后，产品设计的部分就可以开始了。除了做一份完整清晰的产品需求文档，还要用 Axure、墨刀等工具来做交互原型图，形象地说明产品功能是怎样的，交互是如何进行的。先进行产品需求评审，接下来就要对接用户界面设计，再是视觉设计师的一轮轮评审，进行排期计划。

以上主要是偏功能设计型产品经理的岗位日常，是比较普遍的。现在随着产品的精细化发展，还有策略产品经理、数据产品经理岗位。这类产品经理更多是进行数据分析和策略制定，不一定非要做交互原型，更需要严谨的理科思维和逻辑能力。

产品经理必备的技能有：产品策划构思创造力、方案策划撰写力、PPT 整合呈现力、交互模型绘制力、数据逻辑分析力等。

如果你想成为一名合格的产品经理，不妨先上网搜以上所说的各类文档和报告，构思一个产品功能，你也动手写一写，毕竟原创也来自模仿，学徒干多了才能出师。

思考：

（1）简述产品经理的工作内容。

（2）到招聘网站上搜索产品经理，简述产品经理的任职要求。

（3）产品经理必备的知识技能有哪些？

（4）产品经理除必备的知识技能之外，还需要哪些可迁移的技能？

（5）从一个小白成长为一名产品经理，需要经历哪些阶段？

第四章

思考职业生涯决策

我们的决定，决定了我们。

——［法］让-保罗·萨特

学习导航

- 第四章 思考职业生涯决策
  - 热身场
    - 测测你的职业生涯决策成熟度
    - 你了解职业生涯决策吗
    - 为什么需要职业生涯决策
    - 如何才能做出科学的职业生涯决策
  - 实训项目
    - 自我练习
      - 探索和反思个人的决策风格
      - 分析你的决策CASVE循环
      - 我的职业生涯决策平衡单
    - 团体活动
      - 选择的艺术
      - 子承父业：探讨职业生涯决策中的家族影响力
      - 我的SWOT分析
    - 对标学习
      - 比尔·盖茨的生涯决策
      - 小姜的选择

热身场

1. 测测你的职业生涯决策成熟度

不用多加思考，请对照你的实际情况，在每个题目后面的括号里做标记：基本符合的打“√”，不符合的不做标记。

（1）你对自己的将来感到困惑，不知该往何处去　（　）

（2）从未想过自己将来要做什么工作　（　）

（3）不喜欢现状，但不知如何突破　（　）

（4）不知如何在几种方案中做出选择　（　）

（5）经常需要依赖他人帮助做决定　（　）

（6）对自己做出的决定总是感到不安全　（　）

（7）很容易做出决定，但是过后又经常后悔　（　）

（8）总是再三思考，结果错失良机，过后又懊悔不已　（　）

小贴士

选择第 1、2 题，表示你缺乏职业生涯决策觉察力；选择第 3、4 题，表示你缺乏职业生涯决策知识；选择第 5、6 题，表示你缺少承担职业生涯决策结果的勇气；选择第 7、8 题，表示你常做出错误或让自己后悔的决策。

2. 思考

（1）你了解职业生涯决策吗？

你平时的决策主要有哪些？

____

你理解的职业生涯决策是什么？

____

（2）为什么需要职业生涯决策？

你的职业生涯决策困难或无效的原因有哪些？

____

不科学的职业生涯决策会给你造成哪些障碍？

____

职业生涯决策究竟意味着什么？

____

（3）如何才能做出科学的职业生涯决策？

你了解哪些职业生涯决策的方法？

____

如何有效地进行职业生涯决策？

____

实训项目

【自我练习 4-1】探索和反思个人的决策风格

1. 请回想迄今为止你在生活中所做的五个重大决策，并按以下内容予以描述，在纸上记录下来：

a. 目标或当时的情境；b. 你所有的选择；c. 你做出的选择；d. 你的决策方式；e. 对结果的评估。

你如何描述自己在上述几项决策中的决策风格？它们有共同之处吗？当你做回顾的时候，你有没有想过自己通常采用什么样的决策方式？

（1）你的五个重大决策：______________________________

____

（2）你在重大事件上通常采用的决策风格：______________________________

____

2. 职业生涯决策风格测试

对于如何做决定，每个人都有自己独特的决策风格。你平时是如何做决策的呢？下面题目中的句子，是一般人在处理日常事务及生涯决策时的态度、习惯及行为方式。请阅读表 4-1 中的这些句子并填写右边的选项，注意每一个选项无所谓对错，只要符合你的真实情况就可以帮助你了解自己的决策风格。请仔细衡量每一句陈述句与自己实际情况的符合程度，并在“符合”或“不符合”下面的方框中对应打“√”。完成下面的选择之后，将得分计算出来，看看你属于哪一类的决策风格。

表 4-1　　生涯决策风格类型测试表（简明版）

序号	情境陈述	符合 / 不符合	类型
1	我时常草率地做出判断	□ □	★
2	我做事时不喜欢自己出主意	□ □	●

续表

序号	情境陈述	符合/不符合	类型
3	碰到难做决定的事情，我通常会把它先放一放	□ □	▲
4	做决定时，我会多方收集所必需的一些个人及环境资料	□ □	■
5	我常凭借第一感觉就做出决定	□ □	★
6	做事时喜欢有人在旁边，好随时商量	□ □	●
7	遇到需要做决定的时候，我就紧张不安	□ □	▲
8	我会将收集到的资料加以比较分析，列出选择的方案	□ □	■
9	我经常会改变自己所做的决定	□ □	★
10	发现别人的看法与我不同时，我便不知该怎么办	□ □	●
11	我做事老爱东想西想，下不了决心	□ □	▲
12	做决定时，我会认真权衡各项可选择方案的利弊得失，再判断出此时最好的选择	□ □	■
13	做决定之前，我一般不做什么准备，临时看着办	□ □	★
14	我很容易受别人意见的影响	□ □	●
15	我觉得做决定是一件痛苦的事情	□ □	▲
16	做决定时，我会先参考其他人的意见，再斟酌自己的情况，最后做出最适合自己的决定	□ □	■
17	我常不经慎重思考就做决定	□ □	★
18	我常常在父母、家人、老师、同事或朋友催促下才做出决定	□ □	●
19	为了避免做决定的痛苦，我现在并不想做决定	□ □	▲
20	经过深思熟虑之后，我会明确选择一项最佳方案	□ □	■
21	我喜欢凭直觉做事	□ □	★
22	我常让父母、师长或亲友来为我做决定	□ □	●
23	我处理事情经常犹豫不决	□ □	▲
24	当已经决定了所选择的方案，我会展开必要的准备行动并全力以赴地做好它	□ □	■

（1）计分方式：将同一类型的得分（“符合”的计 1 分，“不符合”的不计分）计入测试结果表 4-2 中。哪种类型得分最高，你一般就属于哪种决策类型。

表 4-2 生涯决策风格类型测试结果

题号组	★ 1. 5. 9. 13. 17. 21	● 2. 6. 10. 14. 18. 22	▲ 3. 7. 11. 15. 19. 23	■ 4. 8. 12. 16. 20、24
得分				
决策类型	冲动直觉型	依赖型	拖延犹豫型	理性型

（2）思考：

①比照丁克里奇（Dinklage）在 1968 年提出的职业生涯决策风格理论中的 8 种决策风格，你认为上面测试中的★●▲■四类题目分别属于哪一种决策类型？请将你的答案填入表 4-2 的“决策类型”栏。

②经过以上测试，你认为你的决策风格是：________________

____

③你认为这种决策风格的优点是：________________

____

④你认为这种决策风格的缺点是：________________

____

⑤通过本测试，你对自己的决策类型有什么发现和思考吗？喜欢拥有这种决策风格的自己吗？你认为自己在职业生涯决策方面需要注意什么或做哪些优化调整可以使决策更完美？

____

____

____

小贴士

决策风格对决策效果具有重大的影响，主要表现在：不同决策风格的人对决策制定的方式与步骤有不同的偏好；不同决策风格的人对行动的迫切性有不同的反应；不同决策风格的人对待风险的态度与处理办法互有差异。当然，每种决策风格都有一定的优点。

【自我练习 4-2】分析你的决策 CASVE 循环

请使用 CASVE 循环来分析你做过的一个选择，如选择选修课或者做职业决策，参考以下问题进行：

（1）你是如何意识到自己要做出这个决策的？

（2）你是如何分析这个问题并收集相关信息（包括关于你自己和关于解决问题的信息）的？

（3）你的解决方案是如何形成的？以你今天的眼光，是否能看到自己当时没有看到的其他可能性？

（4）你是如何在不同的解决方案之间做选择的？你的选择标准是什么？

（5）你是如何落实行动的？过程是否如你所预期的那样？

（6）你怎样评价自己当时的决策过程？你对结果感到满意吗？如果不满意，是哪个步骤出现了问题？

（7）如此分析自己的决策过程之后，你对于自己的决策模式有了什么新的了解？这对处理现阶段所面临的职业决策问题有什么指导意义？

小贴士

什么是 CASVE？

CASVE 职业生涯决策技术，无论是对解决个人职业生涯规划问题，还是解决团体问题都非常有用。它能够提供一种有用的工具，使你成为一个更有效率的人。

CASVE 是一个不断循环的过程，在完成执行阶段后，生涯决策者又回到沟通阶段，以确定已经做出的选择是不是最好的，是否能最有效地消除理想与现实间的差距。依据是否需要做出决策以及是否容易获得信息资源等，个体决定是否重复这五个阶段。

【自我练习 4-3】我的职业生涯决策平衡单

如果你现在有 2 个以上的职业选择，请将你的各种职业选择横向并列填写在职业生涯决策平衡单的顶部。

在职业生涯决策平衡单的左侧，垂直列出你在“自我物质方面的得失”“他人物质方面的得失”“自我精神方面的得失”“他人精种方面的得失”四个方面的重要价值观和考虑因素。

给各种价值观和因素按 1 ～ 5 的等级分配权重。某项价值观或因素的重要性越大，它的权重就越高。5 级代表“最高权重”，4 级表示“非常重要”，3 级代表“一般”，1 级代表“最不重要”。对自我需求和价值观的准确了解，是给价值观和考虑因素指定权重的前提。

按照各项职业生涯选择满足个体价值观和考虑因素的程度，进行打分。分值在“－5”到“＋5”分之间，其中“＋5”表示“价值观和考虑因素在该职业生涯选择中得到了完全满足”，“0”表示“不知道或无法确定”，而“－5”表示“价值观和考虑因素完全未得到满足”。

将各项职业生涯选择的得分与各项价值观和考虑因素的权重对应相乘进行计分，将结果记录在相应的表格（表 4-3）内。将每一选择下所有的正负积分相加，得出它的总分。对所有总分进行比较和排序。

表 4-3　　　　职业生涯决策平衡单加权记分表

选择项目 / 加权分数 / 考虑因素	权重	职业选择 1		职业选择 2		职业选择 3	
	－5 ～＋5	加权分数（＋）	加权分数（－）	加权分数（＋）	加权分数（－）	加权分数（＋）	加权分数（－）
自我物质方面的得失							
1.							
2.							

续表

选择项目 / 加权分数 / 考虑因素	权重	职业选择 1		职业选择 2		职业选择 3	
	−5～+5	加权分数（+）	加权分数（−）	加权分数（+）	加权分数（−）	加权分数（+）	加权分数（−）
3.							
……							
他人物质方面的得失							
1.							
2.							
3.							
……							
自我精神方面的得失							
1.							
2.							
3.							
……							
他人精神方面的得失							
1.							
2.							
3.							
……							
总分							

小贴士

在使用职业生涯决策平衡单时，要注意其目的不仅在于得出最后的排序结果，填写的过程也很重要。因为列举各项考虑因素、给各项价值观分配权重以及给各项选择打分的过程，就是梳理自己思路的过程。这样一个仔细思索和反复推敲的过程，可能比单纯得出一个结果更为重要，更能够帮助个人做出适合自己的决策。

【团体活动 4-1】选择的艺术

1. 活动目标：了解影响决策的因素。

2. 使用材料：决策剧情单或相关 PPT。

3. 指导语：每个人做决策时都会受多种因素的影响，例如家庭、亲人、朋友等重要的人；当时的情境、心情、周围人的态度和要求；过去的经验以及我们拥有的技能等。

4. 活动过程：请仔细阅读下面的故事，完成故事后面的任务，思考你的决策受到哪些因素的影响。

5. 剧情

时间：2123 年

地点：海图上未注明的岛屿

情况：有一架飞机坠落在某个岛屿上，仅知侥幸存活的旅客中有以下 8 个人。一位诺贝尔和平奖得主、一位医生、一位社会学家、一位神父、一位怀孕八个月的孕妇、一位诗人、一位核物理学家、一位政治家。

任务一：如果你是一架飞机的飞行员，正好发现了这些幸存者。但是你只能载一位乘客，只有几秒钟的时间让你做决定，你会选哪一个？为什么？

____

____

任务二：现在再读一次剧情，这一次你的任务是将你认为社会最需要的人载离这个岛屿。你会载走谁？为什么？

____

____

任务三：现在你的任务是决定这 8 个人中的 7 个要留在这个岛屿上建立一个崭新的社会。你认为建立新社会最不需要的人是谁？为什么？

____

____

6. 分组思考与讨论

（1）在任务一中，你选择了那位孕妇吗？如果“是”，你的理由是什么？

____

____

（2）你很可能和大多数的人一样，做了相同的选择。这样的决定可以称为“情感的”决定。思考一下你为什么会做出这样的选择。

(3) 在任务二中，你选择的现今社会最需要的人是谁？对于这个选择，你有什么理由？

(4) 在任务三中，你认为建立新社会最不需要的人是谁？对于这个选择，你有什么理由？

你在任务一、二、三中的答案是相同的吗？为什么会相同？为什么会不同？

小贴士

考虑职业生涯决策有关问题时，我们至少应从以下三方面着手：

信息问题，即如何收集和使用有关职业生涯决策信息的问题。在这个过程中可能会遭遇职业生涯决策的信息不足或过多或与个人观念不符等问题，因而无法有效使用信息。

环境问题，即外在因素干扰决定过程和未依计划执行决定的问题。例如做决定的时限、条件不足，家庭的干扰。

个人问题，包括个人未觉察问题，不敢负责、不愿搜集信息，缺乏坚定的信念和相应的能力等。

【团体活动 4–2】子承父业：探讨职业生涯决策中的家族影响力

1. 活动目标：探讨家族对自己职业生涯定位和发展的影响，探索家族成员所从事的职业对自己将来职业决策的影响。

2. 指导语

虽说世代相传的职业选择已成历史，但每个人都有意无意地带有家族的烙印，传承家族所赋予的观念，我们的发展路径或多或少会遵循家庭权威人物、榜样人物的期望，家族成员对个人职业选择乃至职业生涯发展仍具有深远的影响。了解家族成员所从事的职业，能够为我们将来的职业生涯决策提供一定的参考。

3. 活动过程

现在，让我们来了解家族成员都从事什么职业，能够为自己提供什么样的职业机会，并思索对个人职业选择的影响。

回答问题：

（1）你家族中的人所从事的职业有什么？

（2）你想从事哪种职业？为什么？

（3）父亲如何形容他的职业？父亲平时会提到哪些职业？他是如何描述的？

（4）父亲对职业的看法对你有影响吗？如果有，这些影响是怎样的？

（5）母亲如何形容她的职业？母亲平时会提到哪些职业？她是如何描述的？

（6）母亲对职业的看法对你有影响吗？如果有，这些影响是怎样的？

（7）家族中还有谁的职业观念对你影响深刻？他们是怎么说的？

（8）你的家人对你将来的职业选择有什么期望？

（9）在所有被提及的职业中，你印象最深刻的职业是什么？为什么对它印象深刻？

(10) 自己的职业兴趣和哪些家族成员的相似，你真的喜欢这种职业吗？

(11) 哪些职业是你一定不考虑的？哪些职业是你考虑的？

(12) 选择职业时，你重视的条件有哪些？

(13) 哪些家人可以为你提供一定的职业信息和职业机会？具体有哪些职业信息和职业机会？

对以上问题做个总结，家族对你职业决策的影响力表现在：________

小贴士

讲述家人的职业树，可以让我们了解更多职业种类，以及自己从未知晓的职业。比如有的同学说，自己的姐姐研究生毕业后做了调酒师，很多同学听到后会不理解，一个研究生毕业的高才生怎么能从事这样的工作。其实这是现在市场上很紧缺的一种职业。另外，对于外部职业世界不甚了解的自己也会受家人职业观念的影响。比如，有的同学说："我家里人现在从事什么样的职业，我毕业后也要去做这样的工作。"

【团体活动4-3】我的SWOT分析

SWOT是优势（Strength）、劣势（Weakness）、机会（Opportunity）、威胁（Threat）4个英文单词的缩写。SWOT分析报告指从业者在制定职业目标时，制定的分析个人优势、劣势、机会、威胁的分析报告。

1. 请结合前面所学内容对自己的学习、生活及社会环境进行研究，制定一份个人职业生涯决策SWOT分析报告（表4-4）。

表 4-4　　个人职业决策 SWOT 分析

外部分析（O. T.） 内部分析（S. W.）	机会（Opportunity） ① ② ③	威胁（Threat） ① ② ③
优势（Strength） ① ② ③	优势机会策略（S. O.） ① ② ③	优势威胁策略（S. T.） ① ② ③
劣势（Weakness） ① ② ③	劣势机会策略（W. O.） ① ② ③	劣势威胁策略（W. T.） ① ② ③

2. 完成 SWOT 分析后，回答以下问题并在课程小组内两两分享。同时互相给出补充建议（如时间允许，建议组员逐一分享）：

（1）在学习、生活和工作中如何充分发挥并利用自己的优势？

____

（2）在学习、生活和工作中如何弥补自己的劣势？

____

（3）针对就业的机会和威胁，现在应该做什么努力？

____

（4）你听了别人的分享和建议之后有没有新的发现或启发？

____

（5）有哪些强项和弱项是你自己没有发现，而是组员指出来的？这对你的职业生涯决策有什么新的启发和帮助？

____

____

小贴士

个体在进行SWOT分析时，可以采取多种方法来确定自身的优势与劣势、机会与威胁。目前最常使用的是关键提问法，即连续不断地向自己进行关键问题的提问，从答案中进一步了解自己。

【对标学习4-1】比尔·盖茨的生涯决策

1972年夏天，比尔·盖茨为了和好友保罗·艾伦一起经营其注册的公司，考虑从哈佛大学退学，但他的这一想法遭到父母的极力反对。为此，他决定暂停退学的事情。

1975年年初，当艾伦和盖茨在《大众电子》杂志上看到上市的第一台微电脑——“牛郎星8800”时，盖茨意识到，个人计算机革命开始了，它将改变整个世界。这一信息对他来说太重要了，兴奋之余，他们立即决定编写在这种新机器上运行的计算机语言。他们没日没夜地干了8周，终于把一种简单的编程语言——BASIC语言的最初版本拼凑在了一起。同时，比尔·盖茨不顾父母的反对，义无反顾地从哈佛退了学。两个月后，他们合作创建了他们的第三家公司，取名“微软公司”。

比尔·盖茨利用准确的信息做出了明智的决策。盖茨走的每一步，都是以合理规划和准确的信息把握为依据的。从20世纪80年代起，盖茨每年都要进行两次为期一周的“闭关修炼”，在这一周里，他会凝神思考分析科技业的未来，然后做出决策。盖茨不断认识自我、规划自我的生涯决策方式值得所有人学习。

思考：

（1）如果将案例中的比尔·盖茨换作你，你会根据自己的兴趣、性格、价值观、能力以及当时的社会环境等各种情况做出同样的人生决策吗？为什么？你的决策与比尔·盖茨的相比不同之处在哪里？为什么会有这些不同？

____

____

（2）你觉得可以用哪些职业生涯决策方法去分析思考比尔·盖茨的生涯决策案例？这对你有什么启发？

____

____

【对标学习4-2】小姜的选择

小姜是某重点师范大学的应届硕士毕业生，在找工作时面临三个选择，第一是去中国人寿保险公司做培训师（公司来校招聘，学校推荐了小姜），录用即为正式员工，薪水很高；第二是去某省会城市的市教育局做公务员；第三是去一所职业院校做教师。

面对这三个选择，小姜的第一反应是去保险公司做培训师，高薪、白领，她觉得能做这样的工作很骄傲。可就在小姜买好了火车票准备去签协议的前一天晚上，她闭上眼睛想象自己穿着西装套裙，穿梭在办公楼里，过着快节奏的生活，加班加点地工作，虽然赚钱很多，但竞争激烈，所以她越想越觉得那个人不是她。她想要的工作是稳定的、相对自由的、受人尊重的、能实现自身价值的，公司白领不能满足她的这些要求。于是第二天一早，她退掉了火车票，婉拒了那家公司。

剩下两个选择，小姜又开始犹豫了。她给亲友打电话，问了几个做公务员的亲友和做大学老师的亲友，同时她也想到虽然自己的学习成绩优异，但对组织管理没兴趣，做公务员很可能不会有太多成就感。最终她选择去职业院校做老师，这个选择她一直没有后悔，虽然学校的工资水平一般，但是这个职业给小姜带来了满足感和成就感。她觉得选择职业要遵从自己内心的召唤，而不是依赖别人或大多数人的看法。

思考：

（1）小姜想要的工作是什么样的？她为什么放弃了高薪的工作？

____

（2）如果你是“小姜”，你会根据什么做出生涯决策？

____

（3）在小姜的案例中，她主要运用了哪些生涯决策方法？对你有什么启发？

____

____

第五章

做好大学生涯规划

纸上得来终觉浅，绝知此事要躬行。

——（宋）陆游

学习导航

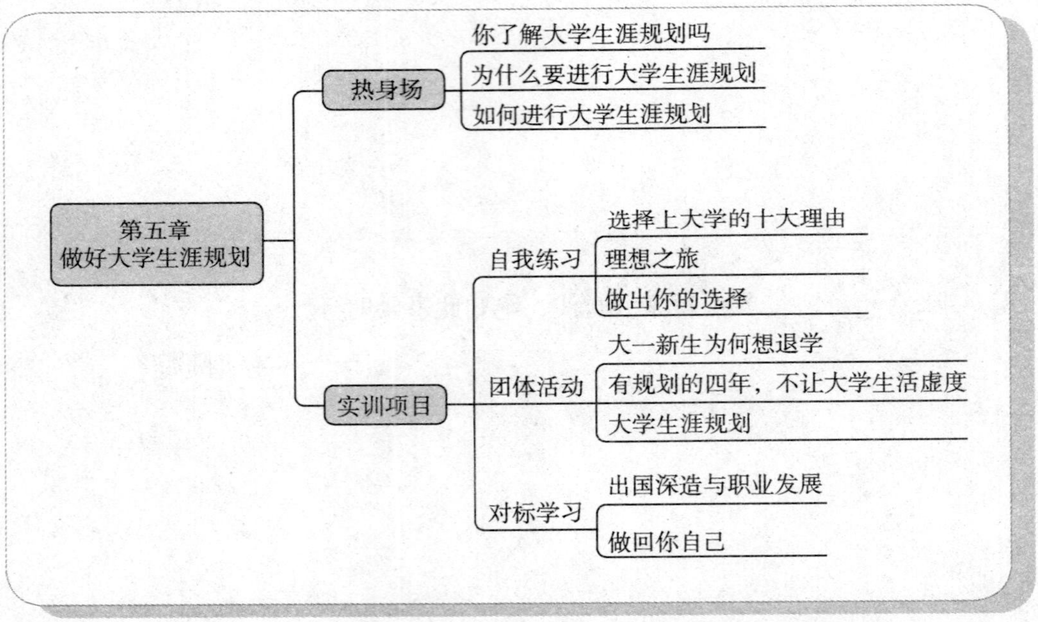
第五章
做好大学生涯规划
热身场
你了解大学生涯规划吗
为什么要进行大学生涯规划
如何进行大学生涯规划
实训项目
自我练习
选择上大学的十大理由
理想之旅
做出你的选择
团体活动
大一新生为何想退学
有规划的四年，不让大学生活虚度
大学生涯规划
对标学习
出国深造与职业发展
做回你自己

热身场

1. 你了解大学生涯规划吗？

什么是大学生涯规划？

____

大学生涯规划与职业生涯规划有什么区别？

____

2. 你为什么要进行大学生涯规划？

你的大学生涯规划存在哪些不足？

____

你的大学生涯规划受到哪些因素影响？

____

3. 如何进行大学生涯规划？

大学生涯规划有哪些策略？

____

大学生涯规划有哪些步骤？

____

大学生涯规划有哪些注意事项？

____

实训项目

【自我练习 5-1】选择上大学的十大理由

活动目标：发掘自己上大学的初衷

活动流程：填空

1. 我之所以上大学，是希望/因为：______________

2. 我之所以上大学，是希望/因为：______________

3. 我之所以上大学，是希望/因为：______________

4. 我之所以上大学，是希望/因为：______________

5. 我之所以上大学，是希望/因为：______________

6. 我之所以上大学，是希望/因为：______________

7. 我之所以上大学，是希望/因为：______________

8. 我之所以上大学，是希望/因为：________________

9. 我之所以上大学，是希望/因为：________________

10. 我之所以上大学，是希望/因为：________________

思考：

1. 你所经历的大学时光与入学之前憧憬的有差异吗？如果有，你认为这些差异是怎样形成的？

____

____

2. 有这么多上大学的理由，每个理由背后都会有一个现实问题，你有没有把这些问题解决掉？

____

____

【自我练习 5-2】理想之旅

通过理想穿梭之旅，引导学生回顾自己曾经的理想并寻找和确立现阶段的人生理想和目标。

经过高考，同学们来到了大学，高中时期，大家的学习目标就是“考上大学”，这个目标曾经激励大家刻苦奋斗。而今，这个目标已经成为过去，面对未来，大家需要用新的目标来指引自己的行为。以下问题可以帮助大家重新探索自己的人生目标：

在天真烂漫的小学时期，你的理想是：________________

在初中的花季雨季，你的理想是：________________

在高中的激情岁月，你的理想是：________________

现在，来到大学里，你的理想是：________________

以上这些理想的共同之处是：________________

通过这样的探索，你发现：________________

基于现实，你想到实现自己理想的具体计划是：________________

在实现理想的过程中，你渴望获得的支持是：________________

思考：

1. 回答完上面的问题后，回忆一下自己为什么在某一阶段为自己设立这样的目标？

____

____

2. 在成长过程中，你的目标是否发生了改变？请分析一下目标发生改变的原因。

3. 你会采取什么样的措施来实现“具体计划”？如何保证计划稳步实施？

【自我练习 5-3】做出你的选择

临近毕业，有三条道路摆在你的眼前，分别是继续深造、就业和自主创业，在离开大学校园之前必须选择其中一条道路并为之努力奋斗。继续深造意味着你要攻读硕士甚至博士学位，而且你还可以根据自身情况选择留在国内深造或者前往国外深造。就业意味着你一毕业就要进入职场，并和其他毕业生一起面对当前严峻的就业形势，同时你的身份也会由学生转变为职场人。相比于继续深造，就业可以为你带来经济收入，增长你的社会经验，拓展你的人脉资源。自主创业则意味着你要做决策者并管理他人。自主创业不同于其他两种选择，大学生在校期间创业还能享受各种国家扶持政策，而且自主创业的门槛较低、发展潜力大。但不容忽视的是，自主创业也有极大的风险，你的收入将和面临的风险成正比，而且自主创业需要一定的资金投入。

思考：

1. 根据自己的实际情况做出选择，并说明做出这一选择的理由。

2. 根据自己的选择，请思考自身还有哪些不足之处。

3. 要想实现自己的目标，你需要为它做什么准备？

【团体活动 5-1】大一新生为何想退学

小丽的学习成绩非常优异，她凭借自己优异的学习成绩成功考入了某重点大学。新学期开始，妈妈陪着小丽到新学校报到，为女儿办妥一切以后妈妈便准备回家。这时，小丽哀求妈妈不要走，并且说如果妈妈不留下来，她就连书也不读了。妈妈没有办法，只好陪小丽在学校住了一晚，第二天便偷偷地回去了。没想到刚到家，女儿就打来电话，说学校的饭菜吃不惯，同宿舍的同学嘲笑她，她不想上学了，想回家。

蕾蕾也是一名大一新生，写得一手好文章而且能歌善舞。进入大学后不久，她就参加了学校的文学社团，这令很多同学羡慕不已。可是谁都没有想到，开学还没多久她竟然提出退学，这令大家十分吃惊。蕾蕾说退学的理由有两个：第一，学费太高导致父母负担过重；第二，同学们总是在背后议论她，让她感觉“大家都挺虚伪的，一回到寝室自己就感觉胸口发闷”，甚至觉得“活着没意思”。但是据蕾蕾的父亲讲，家里并不缺钱，供孩子读书不是问题。老师们也描述，“当蕾蕾讲到第二点时，就变得烦躁不安，最后竟然泪流满面”。由此老师们认为，在大学人际交往中感到不适，甚至产生深深的挫折感，才是蕾蕾想要退学的根本原因。

小组讨论：

（1）大学本是同学们一直憧憬、向往并为之努力奋斗的地方，但她们为什么如此轻易地就想放弃呢？

____

____

（2）小丽和蕾蕾的退学事件中都涉及人际关系问题，你认为人际关系问题是造成她们退学的根本原因吗？为什么？

____

____

（3）如果需要你们小组帮助小丽和蕾蕾解决她们遇到的问题，你们会从哪些方面入手并采取什么措施？

____

____

【团体活动 5-2】有规划的四年，不让大学生活虚度

小周是某校的大一新生，刚进大学的时候很不适应学习方式的变化。

以下是小周的内心独白：

曾经心中的大学，我们为之着迷，但是入学半年来，我却有了一种不适应的感觉。还记得高考、中考时，同学们都在努力学习，我也经常会给自己加油打气。

有人说，只有经过高考才能真正长大。然而步入大学后，所有的抱负仿佛全部消失了，我好像进入了一个完全不同的世界。拿到课程表之后，我发现课程很少，除了正常上课，其他时间也就是去睡觉、上网、吃饭，男生开始疯狂地打球，女生则充分发挥嘴巴的优势——说和吃。大家失去了目标，每一天都这样无聊地度过，这种无聊让我感觉到前所未有的失落。难道我就要这样度过四年的大学生活吗？

小周通过认真学习，并结合自己的实际情况进行自我评估，将职业发展目标设定为企业人力资源管理，为了实现这个目标，她为自己做了学习和工作计划。

大一：了解和认识企业对人力资源管理人员的基本要求和条件，包括文化素质和其他综合能力的要求。在了解职业要求和岗位标准的基础上，对照自己的实际情况，制定一个切实可行的学期计划，并按照这个计划规范自己的学习生活。

大二：学习计算机专业基础知识。主动参加社会实践活动，争取担任学生干部，重点提高自己的组织能力和沟通能力。

大三：进一步学习人力资源管理专业知识，同时学习社会学、管理学、法律等与未来就业和工作相关的知识，培养自己的思想修养和道德情操。利用假期时间到相关企业实习，进一步锻炼自己的组织协调、沟通和适应能力。同时，参加人力资源管理师的职业资格认证培训，取得相应的执业资格证书。

大四：为就业做必要的思想准备和业务准备，了解就业市场的基本状况，筛选适合自己的就业单位。通过参加培训，提高自己的就业技能，力争在毕业之前，把自己培养成能满足职场要求的职业人。

小周毕业后到一家大型民营企业应聘，并被该企业聘为人力资源管理助理。由于具备合理的知识结构和基本的素质能力，小周在职场上进步很快，一年后被提拔为人力资源管理部部长助理，开始了新的职业生涯。

小组讨论：

（1）小周成功规划了自己大学四年的生活，她是怎样做到这一点的？

____

____

（2）怎样规划大学四年的实践活动，才能实现学校与职场的顺利对接？

____

____

（3）假如你设定了自己的职业生涯发展目标，为了实现这个目标，应该为自己制定一个怎样的学习和实践计划？

____

____

【团体活动 5-3】大学生涯规划

1. 下面是一位大学生的自我认知

（1）我的身体条件

我是一名男生，身高 1.81 米，体重 70 公斤，五官端正，视力良好，身体健康。

（2）我的心理素质

我是一个做事认真、积极向上的人，性格刚强、充满斗志。我喜欢冒险，不喜欢刻板。

（3）我的社会性

我有良好的社会适应能力和社会活动能力，从入学到现在我一直担任班长一职。在学习和生活中，我擅于抓住各种有利于自己的机会进行锻炼。

（4）道德范畴中的我

我做事坚持公平、正直的原则，做人光明磊落，在老师和同学中一直有良好的口碑。

（5）家庭角色中的我

我的家庭条件一般，但是父母一直很重视教育，并且教育我要自立、自强，懂得感恩。

（6）我的优势

①想象力丰富；

②具有较强的文案写作与设计能力；

③有一定的美术功底；

④具有一定的创新能力；

⑤具有良好的人际交往能力；

⑥善于发现问题，找出问题原因，而且提出解决问题的方法。

（7）我的劣势

①缺乏扎实的专业基础知识；

②缺少客户资源；

③缺少社会人脉关系；

④基本没有社会实践经验。

2. 环境认知

（1）家庭环境

我是独生子，我的父母和家族中的大多数亲友都从事教育工作，我在一个重视教育的家庭中长大，良好的家风让我养成了有条不紊、细致严谨的行事风格。我能沉着冷静地独自处理很多事情。在经济方面，父母可以为我提供适当的帮助。

（2）学校情况

我的学校是一所专业的艺术院校，学校开设的课程几乎涵盖了艺术类的全部专业。

(3) 专业背景

我学的是广告学专业，本专业的主干课程有传播学概论、广告学概论、广告策划与创意、广告史、广告文案写作、广告经营与管理学、广告媒体研究、广告摄像与摄影、实用美术与广告设计、电脑图文设计等。

本专业学生主要学习广告学的基本理论与基础知识，接受广告策划、市场营销和实施能力等基本训练，掌握广告实施与经营管理的基本知识和技能。

本专业培养的是掌握广告学的专业理论与技能，具有宽广的文化与科学知识，能在新闻媒体、广告公司、市场调查和信息咨询行业以及企事业单位，从事广告经营管理、广告策划、创意和设计制作、市场营销策划及市场调查分析等工作的广告学高级专门人才。

(4) 职业准入标准

①掌握广告学基本理论、基本知识；

②有现代广告策划、创意、制作、发布的基本能力以及市场调查与营销的基本知识和市场分析、数据处理的基本能力；

③熟悉有关广告的法律法规；

④掌握公共关系的基本知识并具备相关活动能力；

⑤了解中国广告事业的现状与发展趋势，了解外国广告事业的发展动态。

(5) 社会环境

当前市场竞争日趋激烈，争夺消费者和增加市场占有份额成为企业成败的关键。随着科学技术的进步，广告手段日益科学化、现代化，运用广告来开拓市场，争取消费者，成为企业开发市场、扩大商品销售的重要手段。

3. 确定目标

综合以上分析，我准备毕业后自主创业，创办一家广告公司。

4. 制定规划

(1) 大一、大二的规划

①学业规划

学好专业基础课，提高英语水平和计算机应用能力，熟练使用 3D Max、Illustrator、Photoshop 等设计软件。

辅修工商管理课程，学习管理学的基础知识，掌握管理学的基本理论，并通过各类实践活动提高自己的管理能力。

订一份专业报纸，了解时尚潮流，同时对报纸上的广告进行长期跟踪，撰写文章并向班刊、校报、校外期刊投稿，锻炼自己的写作能力。

②成长规划

学会时间管理和财务管理，形成科学的世界观，学会明势，在社会发展中寻找自己的发展机会，提高自己的综合素质，顺利完成从学生到社会人的转变。

③实践规划

参加学校的创业社团，学习和积累创业经验。利用假期做兼职，一方面适应社会，另一方面提高自己对商品亮点的把握能力和人际交往能力。

（2）大三、大四的规划

①学业规划。为毕业做准备，准备创业的相关资料，继续学习有关广告和企业管理的知识，认真地完成读书笔记。

②成长规划。积累客户资源，建立社会人脉关系。

③实践规划。进入广告公司实习，一边学习业务知识，一边学习企业管理。

小组讨论：

（1）作者的规划科学合理吗？请结合自己的情况，谈谈你对大学生涯规划的理解，并在小组内分享自己的观点。

____

____

（2）请与小组成员一起，根据大学四年的规划，分解每年的行动计划，并落实每周的任务，形成每日的任务清单，并将小组的意见分享在班级中。

____

____

（3）阅读这则材料后你有什么感悟，请将自己的观点分享在小组中。

____

____

【对标学习 5-1】出国深造与职业发展

小丽毕业于上海某财经类大学国际会计系，她性格坚强、学习刻苦努力。大一的时候她就为自己设立了高级财务经理的职业目标，毕业之前她同时收到英国某大学的录取通知和普华永道的录用信。英国某大学的专业是行政管理而普华永道的职位是审计师，在留学与就业间，小丽犹豫了。考虑再三，小丽决定先去普华永道做审计师，然后再选择合适的机会出国深造。

理由是小丽原本希望出国进修工商管理类课程，但国外大学对申请工商管理类专业的学生都有工作经验要求，所以最后她只收到了行政管理专业的录取通知。小丽学的是会计专业，她对行政管理专业的兴趣不大，若因为能出国就放弃原有兴趣，小丽认为是不明智的。她认为不论是先工作还是先出国，其目的都应该是为了将来有更好的职业发展前景，违背个人兴趣和职业理想，为出国而出国，这是不可取的。

小丽从职业发展角度考虑，普华永道是国际四大会计师事务所之一，他们有完善的培训计划，良好的工作氛围，规范的工作机制，这些对职业技能发展很有帮助。出国深造所收获的可能还比不上普华永道给予自己的这些，而且审计工作与自己大学所学专业基本对口，再加上自己勤奋刻苦、事业心强、意志坚定，以及有较高的综合素质，自己在工作中必会有良好的表现。

小丽已经具备会计专业学历资质和专业技能，但她认为自己要想实现高级财务经理的职业目标，还需要具备专业管理知识，所以她希望学习工商管理类课程，但是国外工商管理类硕士课程要求申请者具备一定工作经历，所以小丽决定先工作后出国，正合乎要求。而且高级财务经理必须具备的另一重要条件就是要有丰富的专业工作经验。所以先工作，积累经验，也是为实现职业理想做铺垫。

思考：

（1）小丽的选择对你有什么启发？

____

（2）作为刚刚毕业的大学生，选择合适的职业发展方向尤为重要，那么职业方向的确定应该遵循什么原则？

____

____

（3）当你面临诸多选择时，应该如何做出职业生涯决策？

____

【对标学习 5-2】做回你自己

阿斌是某重点大学计算机编程专业的硕士研究生，今年就要毕业的他对自己未来的职业道路感到很迷茫。当他来到就业指导中心咨询时，他对陈老师说道：“我知道自己很擅长编程，但现在的 IT 技术更新换代很快，10 年之后这些技术就过时了，而且长时间学习计算机编程导致我不太喜欢与人打交道，所以今天我想测试一下自己能否从事直接与人打交道的工作，希望通过这样的工作改变自己。”

听完阿斌的苦恼，陈老师说：“你还没有毕业就想得这么远！”紧接着陈老师给他做了直觉测试，阿斌说：“我知道自己是一个喜欢探索、分析、研究问题的人，也喜欢与机器、与数据打交道，但是我想一毕业就从事与人打交道的工作，以此来突破自己的性格。我觉得自己是一个很闷而且也不善表达的人，如果别人问我一件事情该怎么做，我说不清楚，只好说，'我做给你看'。""我的记忆力很差，刚看过的书一会儿就忘了。"听完这些，陈老师问："那你编程时也会忘记一些东西吗？"他说："不太会，而且有些东西不用记，可以查资料。"

通过对阿斌的性格进行分析，陈老师发现他看问题看得很远、很透。跟他交谈时，发现他对问题的本质很敏感，一提到某件事情，他马上就想到这件事情将会带来什么后果——他的思维深度似乎都可以做基础理论研究了。于是陈老师问他："你怎么看爱因斯坦？"他说："我不喜欢爱因斯坦那样的生活，我感觉他的生活很枯燥。"陈老师又问："你怎么知道爱因斯坦的生活很枯燥？爱因斯坦经常接触各种各样的人，而且他也很懂得欣赏音乐呀！"

听完陈老师说的这些，阿斌陷入了沉思，陈老师告诉阿斌要相信自己而不要急于否定自己。后来阿斌告诉陈老师，说有两个公司愿意跟他签约，一个是珠海的一家金融单位，另一个是广州的一家贸易公司，他问陈老师有没有什么建议。陈老师回复说："总的原则是你要搞技术或理论研究，包括软件开发，一切以有利于向这个职业发展为原则。当然，没有别的选择时，现有的机会可以作为过渡。"两个月后，阿斌告诉陈老师自己没有与之前的两家公司签约，而是去了一家 IT 公司，现在自己在这家 IT 公司工作得还非常顺利。

职业成功的秘诀就是做自己最擅长的工作，做回自己。

思考：

（1）你觉得阿斌真的了解自己吗？他真的了解自己的优势和劣势吗？

（2）你了解自己吗？知道自己有哪些优势和不足吗？

（3）阿斌最终的选择给你带来了哪些启发？

第六章

提升职业素养

工欲善其事，必先利其器。

——《论语·卫灵公》

学习导航

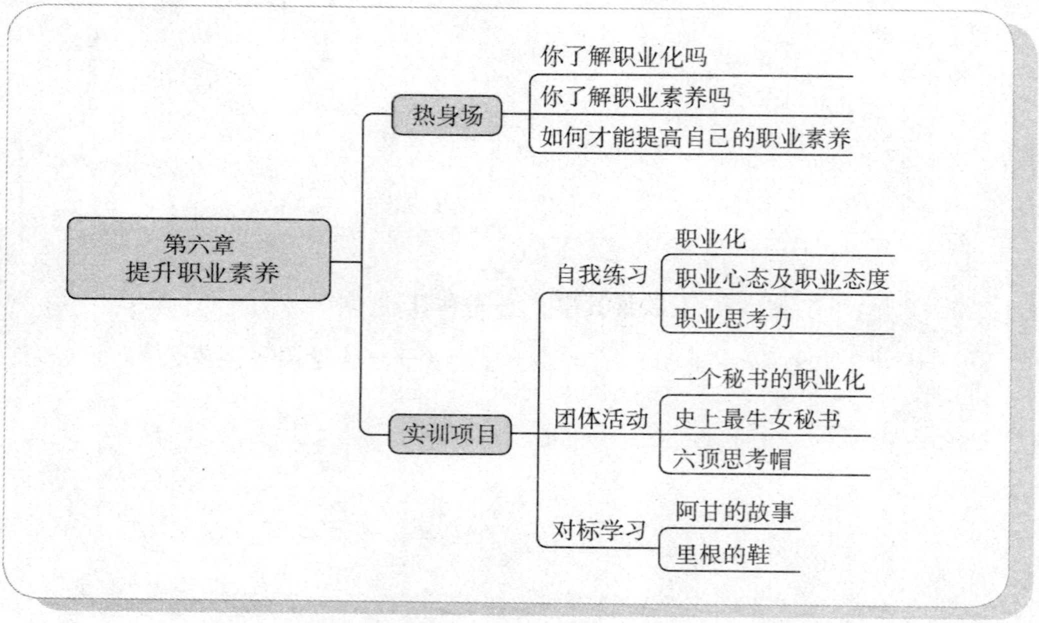
第六章
提升职业素养
热身场
你了解职业化吗
你了解职业素养吗
如何才能提高自己的职业素养
实训项目
自我练习
职业化
职业心态及职业态度
职业思考力
团体活动
一个秘书的职业化
史上最牛女秘书
六顶思考帽
对标学习
阿甘的故事
里根的鞋

热身场

1. 你了解职业化吗？

什么是职业化？

______

什么是职业人？

______

绘制职业化金字塔，并说明构成要素之间的关系：______

______

2. 你了解职业素养吗？

什么是职业素养？

______

职业道德为什么很重要？

______

职业意识是什么？

______

3. 如何才能提高自己的职业素养？

诚信意识在职场中的意义是什么？

______

如何提升职业思考力？

______

实训项目

【自我练习6-1】职业化

思考：

1. 你眼中的职业化是什么？

______

2. 你眼中的职业人是什么样子？

______

3. 为什么我们需要职业化？

______

4. 如何培养和提升自己的职业化形象？

5. 你身边的哪些例子表现出非职业化？

小贴士

职业化就是一种工作状态的标准化、规范化和制度化，即在合适的时间、合适的地点，用合适的方式说合适的话，做合适的事。使员工在知识、技能、观念、思维、态度、心理上符合职业规范和标准。

职业化有两个重要意义：第一，职业化是内在的精神动力，而不仅仅是专业知识和技能。职业化是对职业的一种价值观与信念，是职业人必须遵守的道德与行为准则，是组织与个人事业发展的必要条件。第二，职业化的意义还在于能够创造更大的价值，职业化程度的高低会影响工作价值的大小。

【自我练习 6-2】职业心态及职业态度

1. 导致消极职业心态的原因有哪些？

2. 如何调整消极心态？

3. 将以下被动消极的语言改为积极主动的、有责任心的、有合作态度的语言。

（1）你以为我有时间来做吗？

改为：

（2）我是不会改变主意的。

改为：

（3）但是我们从来不这么做。

改为：

（4）比起其他人，我们已经不错了。

改为：

（5）那不是我的事，也没有人告诉过我。

改为：

(6) 事情发生的时候，我不在场。

改为：________________

(7) 为什么你不……

改为：________________

(8) 我已经通知老李了，我也不知道他为什么没有和你联系。

改为：________________

(9) 很抱歉，我不了解这方面的情况，也不负责这方面的事情。

改为：________________

(10) 但你上次并没有和我提到这个问题。

改为：________________

小贴士

职业心态是指个人在从事职业活动时，根据职业需求而表露出来的心理感情。良好的职业心态表现为有正确的自我认知和控制能力，能够用积极、正面的思维方式主导自己的职业活动，并做出有助于职业成功的职业行为。而不良的职业心态会造成职场心理失衡，使自己不断被边缘化，甚至被淘汰。

职业态度是指个人对所从事职业的看法及在行为举止方面的反应，是构成职业行为倾向的稳定的心理因素。易受主观因素如心境、健康状况，以及客观因素如工作条件、人际关系等的直接影响。肯定的、积极的职业态度能促使人们钻研技术，掌握技能，提高忍耐力和工作效率。

【自我练习 6-3】职业思考力

请使用一种科学的工作方式来分析一个你当前正面临的问题，可以参考以下内容进行。

1. 请写出“你当前面临的问题”是什么？

____

2. 你所知道的科学的工作方式有哪些？

____

3. 你要选用哪种科学的工作方式来分析你所面临的问题，为什么？

____

4. 运用科学的工作方式来制定问题分析解决方案。

____

【团体活动 6-1】一个秘书的职业化

黄先生在金山软件公司做人力资源总监的时候，分管北京和珠海的人力资源工作，他有两个秘书，一个负责南区，一个负责北区，每月 23 号之前要给黄先生上交人事报告，报告都是规定好的格式。两个人都能在 23 号那天把报告交上来，对黄先生来说，此时黄先生就是她们的客户，二人的工作成果都符合标准。

有一个秘书会用三种颜色的马克笔给报告做标注，黄颜色表示本月数据跟上个月的数据相比差太多，红颜色表示数据出现了异动，蓝颜色是补充的资料。而且每一份报告都附一张用 A4 纸写了半页的摘要，方便阅读。而另外一个秘书就没有做到这一点。所以，同样的工作只有前者做到了在报告按标准要求产出的同时满足了客户的需要。

小组讨论：

（1）两人处于试用期，如果你是领导，你会选择留下谁？为什么？

（2）职业化在职场中有什么重要作用？

（3）为了达到职业化我们需要经历什么？

（4）你为自己的职业化做了哪些准备？

【团体活动 6-2】史上最牛女秘书

某日晚上，EMC（易安信）公司大中华区总裁陆纯初回办公室，因没带钥匙不能进门，也未能联系上他的私人秘书瑞贝卡，难抑怒火，于是给瑞贝卡发了一封措辞严厉且语气生硬的“谴责信”。瑞贝卡以同样强硬的邮件回应，此举还让她在网络上得到了“史上最牛女秘书”的称号。此事被网友称为“秘书门”。邮件内容如下：

4 月 8 日凌晨 1：13，陆纯初发邮件给瑞贝卡，并抄送给相关高管

瑞贝卡，我周二告诉过你，想东西、做事情不要想当然！结果今天晚上你就把我锁在门外，我要取的东西都还在办公室里，问题在于你认为我随身带了钥匙。从现在起，无论是午餐时段还是晚上下班后，你要跟你服务的每一名经理都确认无事后才能离开办公室，明白了吗？

4 月 10 日下午 1：48，瑞贝卡致信陆纯初，并抄送 EMC（中国）所有员工

首先，我做这件事是完全正确的，我锁门是从安全角度考虑的，北京这里不是没

有丢过东西，一旦丢了东西，我无法承担这个责任。其次，你有钥匙，你自己忘了带，却还要说别人不对。不要把自己的错误推到别人身上。第三，你无权干涉和控制我的私人时间。我一天就8小时工作时间，请你记住中午休息和晚上下班后的时间都是私人的时间。第四，从到EMC公司的第一天到现在为止，我工作尽职尽责，也加过很多次班，没有任何怨言，但是如果你们要求我加班是为了工作以外的事情，我无法做到。第五，虽然我们是上下级的关系，也请你注意一下你说话的语气，这是做人最基本的礼貌问题。第六，我要在这里强调一下，我并没有猜想或者假定什么，因为我没有这个时间也没有这个必要。

小组讨论：

（1）文中两位主人公的结局会是什么？有赢家吗？为什么？

____

（2）职业化的“一个中心，三个基本点”是什么？文中的女秘书做到了吗？

____

（3）该如何处理职场中的情绪？

____

（4）关于职业化的常见错误认识有哪些？

____

（5）如何理解职场中的“责任”？

____

（6）该如何处理公司内部的矛盾？

____

（7）如果你是“EMC公司大中华区总裁”，你会怎样处理这件事？

____

（8）如果你是“秘书”，你会怎样处理这件事？

____

小贴士

职业责任是指人们在一定的职业活动中所承担的特定的职责，它包括人们应该做的工作和应该承担的义务。强烈的责任心能使人对工作、对生活、对他人、对自己表现出热情和活力。恪守本职不仅是对工作负责，也是对自己负责。

【团体活动 6-3】六顶思考帽

1. 活动流程

小组推出一位学员，由他讲述自己的一个故事或某个事件。其他学员分别扮演六顶思考帽的角色，进行分享。

首先由“控制帽”蓝帽来确定最先使用哪顶思考帽并控制接下来各种思考帽的使用顺序，规划和管理整个思考过程并进行总结。

2. 小组讨论

（1）红帽子：听完他/她的描述后有什么直觉、情绪、感受？

____

____

____

（2）白帽子：通过学员的故事或事件挖掘信息或数据。

____

（3）黄帽子：觉得学员所描述的内容有什么是值得肯定并有积极影响的？

____

（4）黑帽子：觉得哪些地方是欠妥的，或需要改进的？

____

____

（5）绿帽子：思考还有其他方法能做这件事吗？还能做什么事？有什么方法可以克服遇到的困难？

____

____

（6）蓝帽子：对过程中出现的问题进行总结并集中思考，指出不合适的意见，提问“需要什么样的思考方式”“下一步是什么”“我们已经做了什么思考”。最后由蓝帽学员进行总结。

____

____

____

（7）其他学员进行分享和反思。

____

____

小贴士

六顶思考帽的使用原则：

1. 问题是思维的转换器

人的思维是通过提问来引导的，一个人是积极还是消极，取决于他给自己提的问题。同样的问题，积极的人会问自己可以做哪些有意义的事情，自己的收获是什么，而消极的人则会关注自己有什么损失。

2. 思考帽的佩戴原则

不能同时给一个人戴两顶帽子；

团队成员必须佩戴当前指定的思考帽，只有团队领导或协调人才有权提出更换思考帽。

3. 提问要灵活

提问非常关键，如果你的问题让人有压力或者让人感到不耐烦，那就很难达到沟通的目的。这时如果能灵活地换一种沟通方式，推进问题的解决进度，也许答案自然而然就会在沟通过程中出现。

4. 思考帽的使用顺序

顺序无所谓正确与否。只要合乎情理，以任何顺序来佩戴思考帽都说得通。有些顺序适合探索、有些适合解决问题、有些适合解决纠纷、有些适合做出决策，等等。大致说来，只要“思考策略”合理有效，采取任何顺序都合乎情理。

【对标学习 6-1】阿甘的故事

阿甘于二战结束后不久出生在美国南方亚拉巴马州一个闭塞的小镇，他的智商只有75，然而他的妈妈是一位性格坚强的女性，她常常鼓励阿甘要自强不息。并不聪明的阿甘却有两条健步如飞的腿，还有一个单纯正直、不存半点邪念的头脑。在校车里，阿甘与金发小女孩珍妮相遇，从此，在妈妈和珍妮的陪伴和鼓励下，阿甘开始了他不停奔跑的一生。

中学时，阿甘为了躲避同学的追打而跑进一所学校的橄榄球场，就这样他一直跑进了大学。在大学里，他成了橄榄球巨星，还受到肯尼迪总统的接见。

大学毕业后，阿甘应征参加了越战。在一次战斗中，他所在的部队中了埋伏，一声撤退令下，阿甘记起珍妮的嘱咐，撒腿就跑，他的飞毛腿救了他一命。在越战中，阿甘交了两个好朋友：热衷捕虾的巴布和令人敬畏的邓·泰勒中尉。

战争结束后，阿甘作为英雄受到了约翰逊总统的接见。作为乒乓外交的使者，阿甘还到中国参加过乒乓球比赛，并为中美建交立了功。在“说到就要做到”这一信条的指引下，阿甘最终闯出了一片属于自己的天空。他教“猫王”埃尔维斯·普莱斯里学跳舞，帮约翰·列侬创作歌曲。在风起云涌的民权运动中，他瓦解了一场一触即发的大规模种族冲突，他甚至在无意中迫使潜入水门大厦的窃贼落入法网，最终导致尼克松政府的垮台。

“傻人有傻福”，阿甘阴差阳错地发了大财，成了百万富翁。而阿甘不愿为名利所累，他选择做一名园丁。阿甘时常思念珍妮，而这时的珍妮早已误入歧途，陷于绝望之中。终于有一天，珍妮回来了，她和阿甘共同生活了一段日子，之后又悄然离去。三年以后，阿甘又一次见到了珍妮，还有一个小男孩，那是他的儿子。这时的珍妮已经得了一种不治之症，阿甘同珍妮和儿子一起回到家乡，度过了一段幸福时光。

阿甘在学校的时候是橄榄球巨星，当兵的时候成为最牛的士兵，做生意的时候又是一个成功的商人。阿甘与成功人士画上了等号，这是一个低智商的人谱写的人生传奇。

到底是什么力量让他取得如此巨大的成功？这跟职业化又有怎样的联系？

让我们从电影的这些片段中体会一下：

▷ 阿甘入伍的时候，他的上级问他：“你来部队做什么？”阿甘的回答非常到位，他说，“我来部队完成长官交办的工作”。

▷ 阿甘完成的上级交办的第一个任务就是把枪拆散再重新组装。当他完成任务后，上级问他：“为什么这么快就完成了，而且还完成得这么好？”阿甘回答说：“这是上级要求的。”

思考：

（1）看完《阿甘正传》，你有何感想？

____

（2）阿甘的职业化体现在哪些地方？

____

（3）“服从命令”为什么是非常重要的职业素养之一？

____

（4）为什么说“做事专注”是非常重要的职业素养之一？

____

（5）沟通中的“反馈”为什么非常重要？

（6）职业心态是什么？在职场中应该具备哪些正确的工作心态？

（7）成功的关键因素是什么？你具备哪些？你现在可以准备哪些？

【对标学习 6-2】里根的鞋

美国前总统罗纳德·里根小时候曾到一家制鞋店定做鞋。鞋匠问年幼的里根：“你是想要方头鞋还是圆头鞋？”里根不知道哪种鞋更适合自己，一时回答不上来。于是，鞋匠叫他回去考虑清楚后再来告诉他。

过了几天，这位鞋匠在街上碰见里根，又问起鞋子的事情。里根仍然举棋不定，最后鞋匠对他说：“好吧，我知道该怎么做了。两天后你来取新鞋吧。”

去店里取鞋的时候，里根发现鞋匠给自己做的鞋子一只是方头的，一只是圆头的。“怎么会这样？”他感到纳闷。“等了你几天，你都拿不定主意，当然由我这个做鞋的来决定了。这是给你一个教训。”鞋匠回答。

里根后来回忆起这段往事时说：“从那以后，我认识到自己的事要自己拿主意。如果遇事犹豫不决，就等于把决定权拱手让给了别人。一旦别人做出糟糕的决定，到时后悔的是自己。”

思考：

（1）读完这个故事，你的感受是什么？

（2）职业思考力包括哪些方面的内容？

（3）如果你是鞋匠，你会如何处理这件事情？

第七章

提升团队合作能力

天时不如地利，地利不如人和。

——《孟子·公孙丑下》

学习导航

- 第七章 提升团队合作能力
  - 热身场
    - 你了解团队和团队精神吗
    - 你了解团队建设吗
    - 如何提高团队合作能力
  - 实训项目
    - 自我练习
      - 团队和团队精神
      - 回顾你曾经参加的一个团队
      - 我心目中理想的团队
    - 团体活动
      - 众志成城
      - 拼图游戏
      - 撕纸游戏
    - 对标学习
      - 向《西游记》学习团队合作
      - 《盗梦空间》的启示

热身场

1. 你了解团队和团队精神吗？

什么是团队？

什么是团队精神？

2. 你了解团队建设吗？

团队建设的五个阶段是什么？

团队建设的五大要素是什么？

3. 如何提高团队合作能力？

团队合作的意义是什么？

团队合作能力包括哪些方面的内容？

职业情商是什么？如何提高？

实训项目

【自我练习 7-1】团队和团队精神

思考：

1. 你理解的团队是什么？团队和群体有什么区别？

2. 你理解的团队精神是什么？

3. 为什么需要团队合作？

4. 如何做好团队共识管理？

5. 如何建立团队精神？

6. 你身边的哪些例子表现出团队精神？

7. 你理解的共赢是什么？

小贴士

雁群之所以能够飞越千里，完成迁徙，不是因为它们本身有多强大，而是因为它们能够团结起来，目标一致，群策群力，共同努力。工作团队就像一个雁群，任何一个成员脱离团队都无法将工作做得完美。在工作中，没有完美的个人，但是可以打造完美的团队。

【自我练习 7-2】回顾你曾经参加的一个团队

1. 团队从组成到发展再到解体经历了一个怎样的过程？

2. 当时团队的目标是什么？

3. 你在团队中承担了什么角色？现在回顾，你会如何评价当时的你？

4. 如果可以重来，你还会选择相同的角色吗？为什么？

5. 团队的目标最后达成了吗？为什么？

6. 团队里有你欣赏的成员吗？如果有，你欣赏他哪里？如果没有，为什么？

7. 你觉得在一个团队中，成员的忠诚度重要吗？如何提高成员的忠诚度？

8. 你觉得一个团队的凝聚力该如何提高？

小贴士

爱丽丝和猫的对话

“请你告诉我，我该走哪条路？”爱丽丝说。

“那要看你想去哪里？”猫说。

“去哪儿无所谓。”爱丽丝说。

“那么走哪条路也就无所谓了。”猫说。

——摘自［英］刘易斯·卡罗尔的《爱丽丝漫游奇境》

一个人无论做什么事情，都要有目标。有了目标，才知道自己要去哪里，有目标才能获得别人的帮助。天助先要自助，当一个人没有清晰的目标方向时，别人的建议再好也是别人的，更不能转化为自己实际的有效行动。

【自我练习 7-3】我心目中理想的团队

近期，你有一项任务需要建立一个团队，请完成以下项目：

1. 写出团队的信念、价值观：

2. 团队成员中有哪些角色，他们各自承担什么任务？

3. 如果你是团队领导人，你希望你的团队成员具备什么样的能力和品质？

4. 你为将来成为团队的一员做了哪些准备？

5. 如果你是成员，你希望你的团队领导人具备什么样的品质特征？

6. 当你遇到和你不合拍的团队时，你会做出怎样的选择？为什么？

7. 当你遇到和你价值观不同的团队成员时，你会怎么办？

8. 当你的个人利益与团队利益有冲突的时候，你会如何处理？

小贴士

一个团队，不仅要有优秀的团队成员，更要有统筹有方的组织者、领导者。但最重要的是有可以激励士气的团队精神。有句古话："千人同心，则得千人之力；万人异心，则无一人之用。"可见，团队精神无时无刻不在我们身边发挥强大的作用。

【团体活动7-1】众志成城

1. 活动流程

（1）老师先将全班同学分成几组，每组约10人；

（2）老师分别在不同的角落（依组数而定）铺上报纸，请各组成员均进入报纸区域内，用任何方式都可以，就是不可以脚踏报纸之外；

（3）各组完成后，老师请各组将报纸对折，再请各组成员进入报纸区域内。各组若有成员被挤出报纸外，则该组淘汰，不得参加下一回合；

（4）活动进行至剩下最后一组时结束。时间到换下一组上场，至轮完为止。

2. 小组讨论

（1）你所在的小组为什么会得到这样的成绩？

（2）团队合作的核心是什么？你所在的小组是否贯彻了这个核心思想？

（3）在活动中，小组是否出现过意见不统一的情况？如果有，你们是如何解决的？如果没有，你认为是什么起到了主要作用？

（4）你所在的小组是否有一个统一的目标？如果有，是什么？如果没有，为什么？

（5）你所在的小组中，成员是否出现过不合作的情况，如果有，你们是如何解决的？

（6）你从参与的其他小组那里学到了什么？

（7）如果这个活动能够重来，你觉得自己会有哪些改变？

（8）如果队员可以自由选择，你会重新选择队员吗？为什么？

（9）在团队活动中，你会坚持自己的意见吗？

小贴士

只要所有团队成员明确了共同目标，统一步调，齐心协力，就没有什么目标是不能完成的。团队中的每一个人都很重要，一个人或一个环节出现失误也许就会给团队带来毁灭性的后果。所以，每个人兢兢业业，做好本职工作就是对团队最大的贡献。把日复一日简单重复的工作做好也不简单，当团队中每名成员都能把简单重复的工作做好时，团队也就是不平凡的团队了。

【团体活动 7-2】拼图游戏

1. 游戏规则和程序

时间：20 分钟

材料：3 副拼图（每副拼图有 24 块，如芝麻街拼图）

适用对象：全体人员

准备：

将团队分为三个小组，给每个小组分发一个装有 24 块拼图的盒子。不过，24 块拼图中只有 8 块是属于本组的，其余的拼图要给另外两个小组。在小组之间摆一张桌子作为交换拼图的场所。

游戏程序：

（1）每组每次只能交换 3 块拼图；

（2）每个小组的成员必须轮流去交换拼图，直到本组所需的拼图都拿到；

（3）三个小组的交换代表都同时在交换桌前时，才可以进行交换；

（4）三个小组只有在交换桌前才允许互相交流。

结果：最先完成拼图的小组获胜。

2. 小组讨论

（1）各小组选择了竞争还是合作？

____

（2）哪种方式最容易成功？

____

（3）各小组为什么选择与其他小组合作（或竞争）的方式？

____

（4）各小组所选择的方式是否反映了他们的实际工作方式？

____

（5）他们采用某种方式的结果是什么？

____

（6）合作的好处是什么，哪些方面还需要改进和提高？

____

小贴士

竞争与合作是人际活动的两种主要表现形式，参加者选择哪一种形式由环境和自身因素决定。

【团体活动 7-3】撕纸游戏

1. 活动流程

（1）把团队分成每组 6 ～ 8 人的小组，然后每组给一张白纸。

（2）每个人轮流撕白纸，最终小组成员要撕出一个动物形象。

（3）活动进行三轮：

第一轮，不出声，不做任何沟通；

第二轮，可以用手势进行交流；

第三轮，可以用语言进行交流。

注意：布置任务时可以适当提示，如第一个人撕纸，不要撕太大，第二人判断后再撕，其他人依次。

2. 小组讨论

（1）刚才三轮活动，你们的沟通发生了什么改变？

______

（2）你们的结果有什么改变？

______

（3）当无法沟通时，你们的感受是怎样的？

______

（4）工作中有没有沟通不畅而导致的不如意的事情？

______

（5）哪些问题阻碍了沟通？

______

（6）你们用什么方法去解决这些问题？

______

（7）为了让大家的沟通变得更高效，接下来可以做哪些尝试？

______

（8）提高协作能力的方法有哪些？

______

小贴士

在职场上，团队配合非常重要，要想密切配合，团队成员之间必须进行密切地沟通。沟通效率的高低决定了执行结果的好坏。沟通得好，就执行得好；沟通得不好，执行力就会下降。

【对标学习 7-1】向《西游记》学习团队合作

唐僧目光长远，他明白要发展就得学习他人的先进技术，所以不辞辛劳远赴西天取经。他目标明确，虽然中途遇到很多困难，但心中只有一个信念：向西。他有组织管理能力，能很好地指挥三个法力高强的徒弟，注重行为规范和工作的高标准。他担任团队的主管。如果团队中没有唐僧，那这个团队就只是一群乌合之众，不会有远大的前程。

孙悟空能力非凡，一个跟斗就十万八千里，人际关系非常强大，每次碰到难搞的妖怪，都能找神仙来帮忙，是团队的骨干。如果团队中没有孙悟空，我们很难想象这个团队可以到达取经地。

猪八戒，法力比孙悟空略逊一筹，但是对付一般的妖怪绰绰有余。虽然有时候懒惰贪吃，但是很听话，适当的时候拍下马屁，还能赢得唐僧的喜欢。他热情奔放、感情外露，善于活跃工作气氛，承担了团队公共关系的工作，使工作变得有趣。如果一个团队里没有猪八戒这样的角色，我们可以想象团队工作是多么枯燥乏味。

沙僧，三个徒弟中法力最差的就是他，但他平和、冷静、有耐心，承担了团队的事务性工作。事实证明，他可以胜任这份工作并且能够在压力下保持冷静，别看他平时默默无闻，可是每到最后关头都是他来稳定局面。比如当猪八戒闹着要分家的时候，都是沙僧出来劝解。

最后的结果大家都清楚，这四人组成的团队经过“九九八十一难”最终取得真经，获得成功。这无疑是一个职责明确的理想团队。

思考：

（1）从团队管理的角度重读《西游记》，你有什么样的收获？

____

____

（2）团队领导人唐僧的优缺点是什么？是什么支撑他一直坚持到最后？

____

____

（3）孙悟空的优缺点是什么？他在团队中的角色是什么？是什么支撑他一直坚持到最后？

____

____

（4）猪八戒的优缺点是什么？他在团队中的角色是什么？是什么支撑他一直坚持到最后？

____

____

（5）沙僧的优缺点是什么？他在团队中的角色是什么？是什么支撑他一直坚持到最后？

____

____

（6）你觉得你和哪一位成员的特征最接近？

____

（7）在现实的工作团队中，针对不同类型的员工应该如何管理？

____

____

（8）西天取经的唐僧团队，如果让你裁掉一个人，你认为应该裁谁？为什么？

____

____

（9）你认为一家公司的团队应该有多少比例的唐僧（__%）、孙悟空（__%）、猪八戒（__%）、沙僧（__%）呢？做出这种比例的理由是什么？

____

____

【对标学习 7-2】《盗梦空间》的启示

电影简介：

《盗梦空间》讲述由莱昂纳多·迪卡普里奥扮演的造梦师，带领约瑟夫·高登-莱维特、艾伦·佩吉等扮演的特工人员，进入他人梦境，从他人的潜意识中盗取机密，并重塑他人梦境的故事。

The Extractor（盗梦首领），盗梦团队的灵魂人物，其智商、能力可以说是团队中最高的，拥有绝对的领导力。但在关键时刻，也需要队友的支持。

The Architect（梦境设计师），虽然初出茅庐，不过俗话说“三人行必有我师”，每个小组成员教她一手，短时间内她就被塑造成一个筑梦功夫一流，并在最后关头挽回大局的功臣形象。

The Point Man（守卫者），这位类似于保镖的守卫者擅长在失重状态下打斗，没有他，可别想安静地做梦。

The Forger（梦境演员），专业“骗子”，绝对的奥斯卡影帝，没有他，这个梦就只能是纸上谈兵。“既然是做梦，那么就要做得大一点”！

The Tourist（关键旅客），在最后一层梦境中发挥了关键作用，拯救了整个盗梦团队。

思考：

（1）看完《盗梦空间》，你有何感想？

____

（2）《盗梦空间》是如何体现团队建设的五个阶段的？

（3）《盗梦空间》中盗梦人的目标是什么？

（4）《盗梦空间》的团队成员组成是什么？他们各自的职责都是什么？

（5）《盗梦空间》团队成功的原因是什么？

第八章

提升时间管理能力

抛弃时间的人，时间也抛弃他。

——［英］莎士比亚

学习导航

- 第八章 提升时间管理能力
  - 热身场
    - 你了解时间管理吗
    - 为什么需要时间管理
    - 如何才能管理好自己的时间
  - 实训项目
    - 自我练习
      - 人生格子
      - 目标探索
      - 时间馅饼
    - 团体活动
      - 为什么梦想总不能实现
      - 时间的四象限法则
      - 生命线
    - 对标学习
      - 带着五个孩子读哈佛
      - “大咖”的一天

热身场

1. 你了解时间管理吗？

你的时间够用吗？

你理解的时间管理是什么？

2. 为什么需要时间管理？

时间管理不良的原因有哪些？

时间管理不良给你造成哪些困扰？

时间管理意味着什么？

3. 如何才能管理好自己的时间？

你了解哪些管理时间的方法？

如何有效地管理时间？

实训项目

【自我练习 8-1】人生格子

1. 准备一张空白 A4 纸。假设你的寿命是 100 岁，如果用一个小格子代表一个月，就有 1200 个格子。在纸上画一组 30（横向）×40（纵向）的表格，每过一个月就涂黑一个格子。

（1）如果你今年 20 岁，那么挑一支你喜欢的颜色的水笔从起始端开始涂满 240 格，即 20（岁）×12（月）。

（2）假设退休的年龄是 60 岁，那么挑选一支你喜欢的颜色的水笔，开始从尾端涂满 480 格，即（100－60）（岁）×12（月）。

（3）在剩下的时间中，有三分之一是睡觉、吃饭等必须消耗的时间，挑选一支你喜欢的颜色的水笔从下面没有涂掉的格子开始涂满 160 格，即 480×（1/3）。

（4）在剩下的 320 个格子中，用于娱乐、休闲的时间，大约占三分之一，涂满 106 格，即 320 ×（1/3）。

2. 思考

（1）计算一下，你自己已用去多少天，还剩下多少天？

____

（2）计算一下，你在工作之前全职学习的时间有多少？进行全职工作的时间有多少？

____

（3）在涂格子的过程中你有何感想？

____

（4）时间作为一种资源，它的特征是什么？

____

（5）时间银行：如果银行每天早晨向你的账户拨款 8.64 万元。你在这一天可以随心所欲，想用多少就用多少，用途也没有任何限制。条件只有一个：用剩的钱不能留到第二天再用，也不能节余归自己。前一天的钱你用光也好，分文不花也好，第二天你又有 8.64 万元。请问：你如何用这笔钱？

____

____

（6）你如何看待以下问题：

时间就是金钱吗？

金钱对你的意义重于时间吗？

时间对你来说比金钱更有价值吗？

你的答案是什么？为什么？谈一下你对时间和金钱关系的理解。

____

____

（7）自检时间管理。你能否进行有效的时间管理？请结合自己的实际情况回答下列问题。

①你有随时记录的习惯吗？

□有　　　　□没有

②你是否经常注意上下班时要避开交通高峰？

□是　　　　□不是

③你能否在晚上睡觉之前为明天的工作安排好计划？

□能　　　　　　　　　□不能

④你能否正确使用电话，在工作中不打与工作无关的电话？

□是　　　　　　　　　□不是

⑤如果你有重要的工作要处理，而你的同事找你聊天，你能巧妙地拒绝吗？

□能　　　　　　　　　□不能

⑥你每天下班之前，是否将未完成的工作列入第二天的计划？

□是　　　　　　　　　□不是

⑦你是否在工作中使用80/20法则？

□是　　　　　　　　　□不是

⑧你读书时经常采用速读的方法吗？

□是　　　　　　　　　□不是

⑨你是否善用零碎的时间？

□是　　　　　　　　　□不是

检测后，你有什么感想？

____

____

小贴士

要掌握科学的时间管理方法，必须先了解时间的独特性，同时思考自己的时间管理方法。人生格子练习，可以让我们从量化的人生中体验到时间的特性，进而帮助我们思考如何管理时间。

【自我练习8-2】目标探索

根据自己的实际情况回答下列问题。明确你的目标是什么，并把你的目标进行排序，列出目标清单，设定目标时要考虑SMART原则，同时说明如何才能达到你的目标。

（1）目标的SMART原则是什么？

____

（2）检查一下你的人生目标是什么？

①健康：______________________________

②家庭：______________________________

③工作：______________________________

④人际：

⑤财务：

⑥心智：

⑦休闲：

⑧心灵：

（3）将你的目标进行排序，并思考哪些是短期目标，哪些是中期目标，哪些是长期目标。你有什么发现？

（4）你的目标之间是否协调？如果不协调，该如何处理？

（5）向目标迈进时，你是否有最高目标与特定的中期目标？

（6）如何把你的最高目标细化分解成一系列小目标？

（7）这些目标中，哪些是你自己能够做的、哪些是你必须加强的？

（8）达成目标的原则是什么？

小贴士

目标管理将有助于人们把力量集中在真正的重点上，将潜意识的力量转化到实际行动上，同时引发强烈的自驱力。通过目标探索练习，人们可以高效地管理时间，实现人生规划。

【自我练习 8-3】时间馅饼

1. 首先准备 7 张空白 A4 纸，在每张纸上画一个圆，把每天划分成 3 个 8 小时区域，在这个星期里，随时把你所做的事情记录在计划表格中，连续做一个星期。

2. 思考

（1）看每天的生活清单，你有什么发现？工作、学习和生活占据的时间比例各是多少？是否平衡？这种时间分配方式是否是你想要的？

（2）你是按照什么原则分配时间的？有没有更科学的时间分配方法？

（3）对比你一周的生活清单，有什么发现？

3. 做拖延商数测验问卷，思考你有拖延情况吗？拖延的原因是什么？

拖延商数测验

请据实选择下面每一个陈述中最符合你的答案。

（1）为了避免对棘手的难题采取行动，我会寻找理由和借口。

A. 非常同意　B. 略表同意　C. 略表不同意　D. 极不同意

（2）为了使困难的工作能被执行，对执行者施加压力是必要的。

A. 非常同意　B. 略表同意　C. 略表不同意　D. 极不同意

（3）我经常采取折中的办法去避免或延缓处理困难的工作。

A. 非常同意　B. 略表同意　C. 略表不同意　D. 极不同意

（4）我遭遇了太多足以妨碍我完成重大任务的干扰与危机。

A. 非常同意　B. 略表同意　C. 略表不同意　D. 极不同意

（5）当被迫执行一项不愉快的决策时，我会避免直截了当地答复。

A. 非常同意　B. 略表同意　C. 略表不同意　D. 极不同意

（6）我对重要计划的追踪工作一般不予理会。

A. 非常同意　B. 略表同意　C. 略表不同意　D. 极不同意

（7）试图让他人为管理者执行不愉快的工作。

A. 非常同意　B. 略表同意　C. 略表不同意　D. 极不同意

（8）我经常将重要的工作安排在下午，或者带回家里，以便在夜晚或周末处理它。

A. 非常同意　B. 略表同意　C. 略表不同意　D. 极不同意

（9）我在过于疲劳（或过于紧张，或过于泄气，或太受抑制）时，会无法处理所面对的困难任务。

A. 非常同意　B. 略表同意　C. 略表不同意　D. 极不同意

（10）在着手进行一件艰巨的任务之前，我喜欢清除桌上的每一个物件。

A. 非常同意　　B. 略表同意　　C. 略表不同意　　D. 极不同意

请将选择的答案写在问卷答题卡中（表 8-1），然后根据公布的答案填写得分。

表 8-1　　问卷答题卡

题目	(1)	(2)	(3)	(4)	(5)	(6)	(7)	(8)	(9)	(10)
答案										
得分										

评分标准：

每一个“非常同意”评 4 分，“略表同意”评 3 分，“略表不同意”评 2 分，“极不同意”评 1 分。总分小于 20 分，表示你基本没有拖延的问题，只是偶尔有。总分在 21 至 30 分之间，表示你有拖延的问题，但不太严重。总分高于 30 分，表示你拖延的问题已经很严重了。

小贴士

要克服拖延，必须在有明确目标的基础上立即行动。时间馅饼的练习可以帮助我们检查自己在之前的时间管理中存在的不良习惯，明确每天应完成的任务目标，并督促我们立即行动。

【团体活动 8-1】为什么梦想总不能实现

一名 18 岁的高中学生看了一部电影，那部电影中描述了巴黎铁塔。这部电影让她印象非常深刻，于是给自己许下一个承诺，等毕业的时候她一定要去法国看一下巴黎铁塔。结果高中毕业了就去上大学。大学四年她就期许，等大学毕业以后去一趟巴黎。大学四年很快就过去了，但是她的梦想并没有实现。大学毕业以后，她又忙着找工作，找到工作后，她又说等工作稳定后她一定去巴黎。而工作稳定后她恋爱了。恋爱后她又给自己许诺，等结婚时一定去巴黎。结婚以后接踵而至的就是家里的生活琐事，然后怀孕。她又想等生了孩子以后再去巴黎。但是生了孩子以后，她的目标也转移了，开始忙着照顾孩子，处理家里的事情。

那时的她又给自己许诺，等孩子长大了，她一定去巴黎。这个梦就从高中、大学时代一直做到她工作、结婚生子，一直到孩子也长大了。后来，她的孩子结婚了，也生了小孩。有一天，这个女人说了一句话：“唉，我这一辈子最渴望的就是去看巴黎铁塔。”而此时，她已经老得只能躺在床上了。

小组讨论：

（1）从这个案例中，你体会到了什么？

____

（2）案例中主人公的梦想为什么没有实现？你会给她什么建议？

____

____

（3）时间管理不良的原因是什么，写出你的解决方案。

____

____

（4）时间管理不良的原因中有一条是做事情条理不清。在你的生活和工作中，是哪些原因造成条理不清，你是怎么解决的？解决条理不清的策略是快、准、空、多、闲。在你的时间管理中，是否做到了这几点？如何把这些方法应用到实践中？请结合具体情况谈一下。

快：____

准：____

空：____

多：____

闲：____

收获：____

（5）如何解决“我什么道理都懂，但就是做不到”这个问题？

____

____

（6）如果是你，你会怎样实现你的梦想？

____

____

小贴士

头脑风暴法是由美国BBDO广告公司创始人奥斯本（Osbom）提出的，一种可激发集体智慧产生和提出创新设想的思维方法。头脑风暴法能够充分发挥集体创造力，有利于问题的澄清解决以及金点子的诞生。

【团体活动 8-2】时间的四象限法则

1. 针对以下内容，小组成员讨论哪些是重要事情、哪些是不重要的事情、哪些是紧急事情以及哪些是不紧急的事情。

（1）完成当天的作业；

（2）预习明天的功课；

（3）复习；

（4）参加课外活动小组，培养自己的兴趣爱好；

（5）运动、健身、保持身体健康；

（6）和同学一起购物、唱歌；

（7）吃饭、睡觉；

（8）看 NBA 直播、电视剧或其他直播；

（9）听歌、玩游戏；

（10）刷 QQ、微信或其他社交软件；

（11）与同学聊天；

（12）阅读。

2. 准备一张空白 A4 纸，画出如下的时间四象限矩阵（图 8-1）。

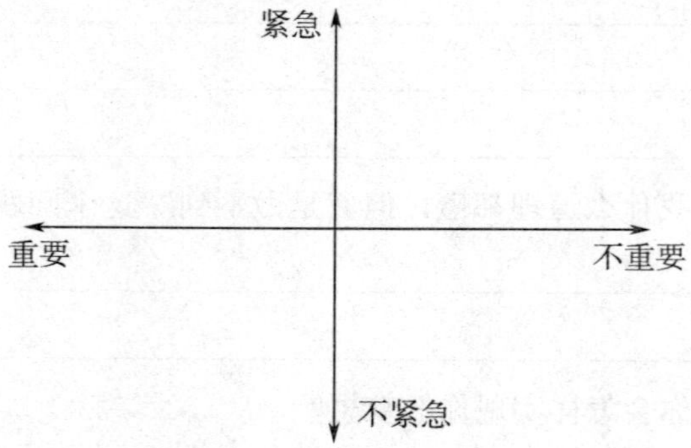

图 8-1　四象限矩阵

3. 将上面的事件按照分类填入时间四象限矩阵中。

4. 小组讨论

（1）事情按照轻重缓急来划分的原则是什么？

____

____

（2）对每个人来说划分的标准是否相同？你与其他人最大的不同是什么？

（3）面对第三象限中紧急但不重要的干扰事件，你有什么方法来解决？

（4）列出你一天的学习工作清单，并填到时间的四象限矩阵中。

（5）画完自己的时间四象限矩阵，你有什么发现？

（6）俗话说“时间就是金钱”，如果让你将你的时间重新进行投资，你会怎么做？

（7）填写下面的时间价值表（表8-2）。

表8-2　　时间价值表

年收入（万元）	年工作时间（天）	日工作时间（小时）	每天价值（元）	每小时价值（元）	每分钟价值（元）
2	300	7.5	66.66	8.89	0.148

填完表格，你有何感想？

（8）讨论今天的学习是否达到了“三效”，即效果、效率、效能。如果没有，如何改进？

小贴士

四象限法则是美国著名管理学大师史蒂芬·柯维（Stephen Covey）提出的一个时间管理理论。科学地管理时间要学会分清工作的轻重缓急，所以高效时间管理法的核心是：先轻重，后缓急。

【团体活动 8-3】生命线

1. 活动流程

（1）准备一张 A4 纸，选择一支你喜欢的颜色的水彩笔，在纸上画出一条曲线，曲线的弯曲程度可以依据你过往的经历来定，曲线的长度可以根据自己的喜好确定。在曲线的左边标注“0”代表 0 岁，曲线的右边标注你期待自己的寿命，可以是 68，也可以是 100。

（2）按照你期待的寿命，找到你目前的年龄点，如果你的目标寿命是 80 岁，你现在的年龄是 20 岁，那么在距左边四分之一处贴上一个小图标。这个图标左边代表你的过去，小图标处代表你的现在，小图标右边代表你的未来。

（3）在你过去的部分，写出至少三件你认为做得最成功的事情，写在曲线的上面，在曲线的下面写出至少一件你认为失败的事情。

（4）在你目前的年龄点，写出你目前的优势和困难。

（5）在未来的部分写出至少三件你想做的事情，根据事情给你带来的愉悦程度的不同选择不同颜色的笔进行标注。

2. 小组讨论

（1）每个学员分享自己的成功事件，其他成员总结该学员成功的原因。

____

____

（2）每个人的成功事件各不相同，但一定具有共同的特点，这些共同点是什么？

____

____

（3）大家互相分享自己的失败经历，同时总结失败的原因。

____

（4）针对失败的原因，讨论解决方案。

____

____

（5）从这些成功案例或失败案例中，我们得到的时间管理的原则和方法有哪些？

小贴士

时间管理的本质是自我管理。通过生命线活动，可以梳理过去的经历对我们的影响，找出时间管理做得好或不好的地方，分析过去时间管理方法的优劣，思考当下应该如何科学地管理时间，同时规划未来的发展方向，给生命赋予新的目标。

【对标学习 8-1】带着五个孩子读哈佛

2004 年时，吉田穗波还是一位妇产科医生，她做着朝九晚五的工作，每天要花费三个小时在家、托儿所和医院间奔波，时间不够用，孩子和事业无法兼顾。有了宝宝之后，很多妈妈都会选择为了孩子暂时放弃工作。然而在生活最忙碌的时候，每天要面对不到两岁的大女儿和刚刚满月的二女儿，吉田穗波却想要改变现状，做更好的自己。于是她向老公说了自己的梦想——去哈佛大学留学！本来还担心他不同意，结果老公大手一挥：去去去，而且哪能让你自己去，我要陪你一起去！

带着孩子上着班并且在半年之内申请世界顶级大学，这可不是小事情。但是吉田穗波说，人生只有这一次，一件一件来，哪来得及？哪有那么多选择题，ABCD 都要。时间不够用就想办法挤时间。她每晚很早就陪宝宝们睡觉，凌晨三点就起床学习，到孩子六点起床可有整整三个小时呢。坐地铁的时候其他人都在玩手机，她来回几个小时却都在看书，做家务的时候还练听力想论文，一点时间也不浪费。就这样努力了半年之后，全家人已经都在波士顿等待入学了。在这半年的时间里，吉田还怀上了第三个宝宝。

出国后的生活更加忙碌，老公和她都要上学，第三个孩子出生后，他们又即将迎来第四个小宝贝。家务、做饭、带孩子，实在是忙不过来，于是请了保姆。吉田穗波说：自己做不完的事情要学会借助外界的力量，只做必须亲力亲为的，其他的交给他人好了。虽然这么忙，但是吉田是个好妈妈，保姆能够代劳家务，但很多事是只有妈妈能做的。例如周末全家人一起去图书馆，她抱着小一点的孩子温习功课，老公看着大一点的孩子读绘本，一家人的学习氛围特别好。

完成学业回日本时，吉田已经是四个娃的妈了，还当上了主任研究官，事情更多了。但吉田有绝招，人家是有日程计划表的，都详细到15分钟内要做什么。每个星期一早上第一件事就是做计划，写好待办事项，用红色圈出自由的时间，然后按照事情的紧急和重要程度填进去。作为女人，她当然会有情绪化的一面，吉田的解决方案是列出“在意事项清单”，在做正事之前，给自己留出专门的时间来解决那些烦心事，比如孩子在幼儿园和其他孩子闹矛盾了，自己在工作中和别人意见相左之类的。控制好情绪就是节约时间。吉田穗波的座右铭是：“不是因为某件事很难，你才不想做，而是因为你不想做，这件事才变得很难。”所以，做人就要敢想敢做。在新书《就因为没时间，才什么都能办到》出版的时候，她又生了第五个孩子。

思考：

（1）你能总结出吉田穗波神奇的时间管理技术都有哪些吗？

（2）从这个故事中你获得了什么感悟？

（3）管理碎片化的时间，你有什么策略？

（4）如何保持专注力？

（5）如何做到多线程地工作？

（6）如何处理自己的负面情绪和负面信念？

（7）GTD是英文Getting Things Done（尽管去做）的缩写，是由美国效率管理专家戴维·艾伦（David Allen）开创的一套完整的个人时间管理系统。

分析吉田穗波的时间管理技术，总结GTD时间管理的步骤。

小贴士

GTD时间管理方法用一句话来说就是把你要做的事情记录下来，整理好、安排时间执行就可以了。GTD时间管理有五个核心原则，分别是收集、整理、组织、回顾和执行。

【对标学习8-2】“大咖”的一天

2016年12月，万达集团公开了胡润中国富豪榜首富王健林一天的行程。清晨4点起床，当日飞行6000公里，停留两个国家三个城市，他几乎每天都这样忙碌。截取几个时间点来看看他的具体动态——4：15至5：00健身，健身这件事他已经坚持两年了，一天一定要留1个小时，风雨无阻，即使出国也不例外。5：00至5：30早餐，而他的早餐也很简单：一碗粥、一片面包、几片咸菜。当天他15：00至18：10乘飞机返回北京，路上依然忙碌，一直在研究海口万达城项目的图纸要知道。王健林2016年时已经62岁了。

曾经有人问他：“成为亚洲首富，你觉得是一种必然，还是机遇，或者运气?”

王健林回答说：“我觉得首先是自己勤奋。”

在2016年9月14日播出的《鲁豫有约》节目中，主持人鲁豫跟王健林度过了“首富的一天”。节目中鲁豫用“急行军模式”来形容当天的感受。

下面我们再看一下其他“大咖”的工作时间。

①80多岁的李嘉诚每天坚持早上6点起床，打一个小时高尔夫，8点到办公室工作；

②联想集团创始人柳传志每天早上5点前起床，运动一个小时候后开始工作；

③百度CEO李彦宏和小米董事长雷军每天的工作时间都超过12小时；

④俞敏洪早上6点起床，却已经属于国内一众“大咖”里“起床最晚”的一个……

⑤有苹果公司员工在早上4点半收到过CEO库克的邮件；

⑥星巴克咖啡创始人霍华德每天早上4点半起床，在吃早餐的同时看报纸，保证6点前赶到办公室；

⑦雅虎CEO玛丽莎创下过一周工作超过130小时的纪录……

思考：

（1）了解了这些“大咖”的一天，你有何感想?

（2）这些“大咖”之所以能够成功，除了有明确的目标外，还有什么原因？

（3）你认为时间管理的本质是什么？

（4）“一年之计在于春，一日之计在于晨”，你写过晨间日记吗？你的晨间日记包括什么内容？

（5）每天用五分钟的时间填写下面的任务清单（表8-3）。

表8-3　任务清单

任务清单	周目标·完成进度	课外学习·信息·阅读
最重要的三件事 1. 2. 3.		
健康·饮食·锻炼	年　月　日（星期　）	人际关系·家人·朋友
	记录今天这个特殊的日子 起床：（时间） 睡觉： 心情： 天气： 纪念日：	记录有关家人和朋友的事情
学习·思考	最美好的三件事	思考·创意·未来
	1. 2. 3.	

第九章

提升压力管理能力

追求幸运的人应该是行李越轻越好！

——［法］巴尔扎克

学习导航

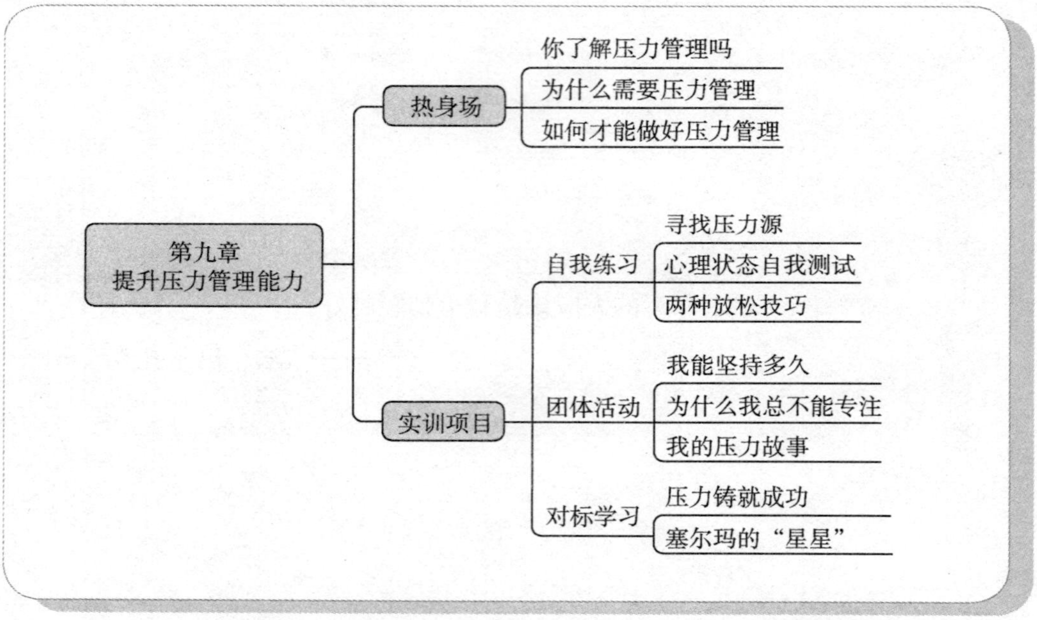
第九章
提升压力管理能力
热身场
你了解压力管理吗
为什么需要压力管理
如何才能做好压力管理
实训项目
自我练习
寻找压力源
心理状态自我测试
两种放松技巧
团体活动
我能坚持多久
为什么我总不能专注
我的压力故事
对标学习
压力铸就成功
塞尔玛的“星星”

热身场

1. 你了解压力管理吗？

对你来说，常见的压力有哪些？

你理解的压力管理是什么？

---

2. 为什么需要压力管理？

你不能正确处理压力的原因有哪些？

压力管理不良给你造成哪些障碍？

压力管理需要的能力有哪些？

---

3. 如何才能做好压力管理？

你了解哪些管理压力的方法？

管理压力的技巧有哪些？

实训项目

【自我练习 9-1】寻找压力源

1. 请认真完成以下压力源测试量表。按顺序阅读下列 20 个问题，在符合你个人情况的问题题号前标字母“P”。

（1）你常莫名其妙感到心烦吗？

（2）你和周围的人有过争执或冲突吗？

（3）你很少主动找人谈心事吗？

（4）你最近有过辞职、提前退休或离开工作岗位一阵子的想法吗？

（5）你的体重最近明显上升或下降了 3 ～ 5 千克吗？

（6）你知道自己的身体有些病痛，但没有尽快找医生吗？

（7）你是不是吃肉比蔬菜水果多？

（8）你最近缺乏食欲吗？

（9）你通常在深夜12点后才睡觉吗？

（10）你常躺在床上辗转反侧不易入睡吗？

（11）你是否常感到时间不够而总是匆匆忙忙？

（12）你常疏忽做“紧急而重要”的事吗？

（13）你厌倦做琐碎且重复性的工作吗？

（14）你对突发性的工作没耐心吗？

（15）你懊恼自己赚钱的速度不够快吗？

（16）你担心自己的储蓄不够投资，或投资失败吗？

（17）你早有进修提升专业能力的想法，但迟迟没行动吗？

（18）看到同事或同学表现优秀，你有自己不够好的感觉吗？

（19）当看到灾难新闻时，你的情绪会受影响吗？

（20）天气阴雨潮湿或雾霾较大时，你的心情也会比较低落吗？

部分评分标准：

第（1）～（4）题，压力源是人际关系。提示你要做人际关系调整，尤其要关注与你交往的人的情绪和情感；

第（5）（6）题，压力源是身体健康。建议感觉身体不适时要及时寻求医生帮助，查找身体不适的原因；

第（7）（8）题，压力源与饮食习惯有关。建议少吃些肉食，多吃些蔬菜水果。因为肉是酸性食物，吃多了会使体内酸碱失衡，让人不舒服；

第（9）（10）题，压力源是睡眠不好。建议改变生活习惯，加强运动，每天快走或慢跑一定量和时间，也可定时做深呼吸。

2. 根据自己的实际情况填写下表（表9-1），找出自己的压力源。

表9-1　　“我的压力”搜索表

编号	学习、生活中的压力现象	压力归类（勾选或者补充说明）				可解决性（0～10分）
		目标难聚焦、标准模糊	难以全面思考和驾驭，有意想不到的遗漏	难以权衡的优先级（或自己不擅长的优先级）	缺少应对方法	
1						
2						
3						

续表

编号	学习、生活中的压力现象	压力归类（勾选或者补充说明）				可解决性（0～10分）
		目标难聚焦、标准模糊	难以全面思考和驾驭，有意想不到的遗漏	难以权衡的优先级（或自己不擅长的优先级）	缺少应对方法	
4						
5						
6						
7						

思考：

（1）你目前最关切和担忧的事是什么？

____

（2）你目前承受的最大的压力是什么？什么时候有不适的感觉？你觉得必须为此做些什么？

____

（3）现在你的生活中有哪些重大的约束和限制，以至于使你难以追求到所要求的目标或成绩？

____

____

（4）你想停掉哪些事，不再去做？想开始去做或学着去做哪些事？

____

____

（5）你期待怎样的未来？想象一下自己希望经历些什么？

____

____

3. 做下面的心理压力自我测试量表，检测自己的压力状态。

心理压力自我测试

这个量表列举了30项自我诊断的症状，如在这些症状中出现5项，属于轻微紧张型，只需多加留意，注意调适休息便可以恢复；如有11项至20项，则属于严重紧张型，需要特别注意；倘若在21项以上，那么就会出现适应障碍，这就需要咨询专业医生。

（1）经常感冒，且不易治愈；
（2）常有手脚发冷的情形；
（3）手掌和腋下常出汗；
（4）突然出现呼吸困难的胸闷窒息感；
（5）时有心脏悸动现象发生；
（6）有胸痛的情况发生；
（7）有头重感或头脑不清醒的昏沉感；
（8）眼睛容易疲劳；
（9）有鼻塞现象；
（10）有时头晕眼花；
（11）站立时有发晕的情形；
（12）耳鸣；
（13）口腔内有溃烂的情况；
（14）经常喉痛；
（15）舌头出现白苔；
（16）面对自己喜欢吃的东西却毫无食欲；
（17）常觉得吃下的东西沉积在胃里；
（18）有腹部发胀、疼痛的感觉，而且常下痢、便秘；
（19）肩部很容易僵硬、酸痛；
（20）背和腰经常疼痛；
（21）疲劳感不易解除；
（22）体重减轻；
（23）稍做一点事就感到疲劳；
（24）早上经常有“起不来”的倦怠感；
（25）不能集中精力专心做事；
（26）睡眠不好；
（27）睡觉时经常做梦；
（28）深夜突然醒来后不易再睡着；
（29）与人交际应酬变得很不起劲；
（30）稍不顺心就会生气，而且时有不安的情绪发生。

小贴士

凯利·麦格尼格尔（Kelly McGonigal）是斯坦福大学的心理学教授，她指出压力对于个人适应困难处境，基本都是正向影响。而“压力有害”的观点导致人们对压力感到厌恶甚至恐慌，进而造成压力管理的失效，限制了人们潜力的发挥。人们通常认为压力管理就是避开压力，这是不解决根本问题的。如果你想实现有效的压力管理，就要合理地评估压力，正视压力的积极作用，培养正向的压力思维模式，驾驭压力，在困境中实现转折和飞跃。

【自我练习 9-2】心理状态自我测试

1. 自我测试

将自己置身于以下情境中，选出最真实的想法。

（1）学习到凌晨 12:30，我会想：

A. 睡得太晚，一定会影响明天的学习

B. 今天的学习任务完成了，我要抓紧休息，养足精神迎接明天的挑战

（2）今天老师讲的一个重要问题我没弄懂，我会对自己说：

A. 我太笨了

B. 继续认真听，不懂的再问老师

（3）自习课周围很多同学在说话，我会：

A. 心烦意乱　　B. 排除干扰，专心学习

（4）在考试中遇到一道分值很大的难题不会做，我会对自己说：

A. 真该死，万一做不出来怎么办？不行，一定要做出来

B. 我难别人也难，别慌，先做后面题目，回头再来做它

（5）我正在背英语单词，卫生委员叫我去扫地，我会想：

A. 真烦人，打扰我学习　　B. 正好，劳逸结合

说明：测试答案中选 A 较多的同学，学习心态倾向于消极，要注意及时调整。

2. 思考

（1）你认为自己是一个心态积极的人吗？积极的心态对于压力管理有意义吗？

____

____

（2）你认为如何才能培养个体的积极心态？

____

（3）你是一个处事灵活的人吗？当你面对压力的时候，通常怎么做？

____

____

（4）思考你现在的压力是什么？思考这个压力真的存在吗？如果存在，用一种东西来表达，动物、植物、景物或者人物都可以，请你画下来。在画的过程中你有什么情绪？身体有什么感受？

____

____

（5）你认为未来要面对的压力是什么？你将如何应对？

____

____

（6）有些压力是我们自己想象出来的，如何理性对待这些想象出来的压力？

____

小贴士

美国心理学家艾里斯（Ellis）将人类常见的非理性信念归纳为以下几种：

①畸形的思维（如强迫思维）；②易受暗示影响；③过度以偏概全；④尽善尽美，认为不是完美的就是无用的；⑤对他人要求过分；⑥追求绝对化，不能忍受不确定性；⑦夸大负面事件的危害性；⑧自暴自弃；⑨自我贬低；⑩过分关注自身机体的变化。

【自我练习 9-3】两种放松技巧

1. 安静反应

安静反应是一个能够在日常生活中用来释放紧张感的快速技巧。当你感到烦恼、焦虑、紧张时；或者你正受困于外部环境带来的负面状态时，这个技巧很有用。这个技巧是利用腹式呼吸来释放压力。方法如下：

（1）先用一个微笑来打破负面状态。目的是让我们的面部肌肉从一个僵硬、冷峻的状态转换到另一种舒适的状态上来。

（2）深呼吸有很多好处。想象一下，吸气的时候把气从你“脚底的一个洞中努力吸上来”，尽量用腹式呼吸。

（3）创设一个积极的内部命令，例如“注意——警报——身体舒适”。

①当吸气到达最高点的时候，对自己说：“注意——警报”。

②当吐气的时候，对自己说：“身体舒服”。

（4）吐气的时候，下颚、舌头、双肩要放松。想象就像是把气“沿着腿部吐还到脚底的洞中”。

（5）这个动作几乎可以在任何一个地方做，而且不会占用过多的时间。例如，在等交通信号灯时，就可以做几分钟的深呼吸来放松自己。如果有充足的时间，可以做 5 ～ 10 分钟。

（6）形成习惯，一天做几次安静反应。在有规律地练习 3 天以后，你就会发现它的好处，它会使你获得一种更加平静、更加安定的思想状态。

2. 渐进式放松法

当压力降临时，人的身体是比较紧张的。在工作中间适当休息几分钟固然是一种很好的减压方法，但这只是一种休息，很多时候无法使人得到身体的完全放松。人们应该学会主动放松，常用的方法有——听音乐、看书、跑步、练瑜伽、晒太阳、呼气吸气等。其实，放松的最快方法不是直接放松，而是马上紧张，例如双手握拳，当双手握到极限没有力量时再放开，这时就会感觉非常放松。

渐近式放松法的基本程序是从头到脚式的放松。作为一个长寿的器官，心脏的工作方式是收缩、放松。因此，人的减压、放松技巧也是先收缩后放松。具体动作如下：

（1）双手握拳，用力、用力、再用力，然后突然放松，不用丝毫力气。把注意力放在刚才握紧的拳头上，感受由紧张到放松的感觉。

（2）胸部和腹部吸足气、鼓起来，让其鼓到极限，然后突然放松。把注意力放在胸部和腹部，感受由紧张到放松的感觉。

（3）臀部、大腿和小腿全部紧绷，可以把腿翘起来，用力向上抬，抬到极限，然后突然放松，把注意力集中在臀部、大腿和小腿，感受由紧张到放松的过程。

每个动作做两次，一张一弛。实际上，人们平时伸懒腰的动作和这种方法是类似的。伸懒腰的时候，肌肉紧张；放松时，肌肉放松。人在休息时，不要总是静坐放松，而要通过一些有效的方法让自己尽快得到放松。

思考：

（1）选择其中一种你认为最有效的方式，每天做 3 ～ 5 次，体验你身体各个部位的感受并记录（共记录 30 天）。

（2）30 天后，对比你的记录，看看自己有哪些变化。

（3）还有其他的减压方法吗？你试过吗？哪一种方式对你来说最适宜？

（4）你听说过“枕头大战”吗，你知道为什么这么做吗？

小贴士

人的大脑没有放空的时候，哪怕千分之一秒，大脑都在活动。比如看到某本书上的只言片语，或者忽然升起来的对某个人的回忆等，这些都是头脑的活动。冥想就是观察呼吸，一出一进，静下来。观察呼吸是进入冥想的基础，是最简单而且最有效的方法，但是静一会儿并不是目的，重要的是训练自己的内心。

【团体活动 9-1】我能坚持多久

1. 活动内容

（1）根据学员人数给每人都准备一瓶 500ml 的瓶装矿泉水。

（2）所有学员围成一圈，一只手平拿矿泉水瓶，瓶口方向朝外。

（3）准备好后，开始计时。

（4）观察所有的学员，当有部分学员开始坚持不住时，就开始倒计时。期间允许有学员提前放弃。

2. 小组讨论

（1）每位学员分享在这个过程中是否有想放弃的想法？如果你没有，是什么原因让你没有放弃？

（2）坚持到最后的学员分享体验，如果是你，你是否还能坚持？为什么你比别人坚持得久？

（3）当你看到他/她放弃时，你是怎么想的？他人的做法是否会影响到你？

（4）倒计时开始时，你在想什么？

____

____

（5）彼此之间的相互支持，是否对于缓解压力有帮助？

____

____

（6）面对同一种压力，每个人的处理策略是否相同？不同的有哪些？相同的有哪些？

____

____

（7）压力有叠加的作用，应如何科学地进行压力管理？

____

小贴士

压力按照强度的不同可分为一般单一性生活压力、叠加性压力和破坏性压力。叠加性压力是极为严重和难以应对的压力种类，它给人造成的危害很大。可将其分为两类：一个是同时性叠加压力，一个是继时性叠加压力。有的人会在“四面楚歌”的同时性叠加压力中倒下，有的人会被继时性叠加压力打垮。

【团体活动9-2】为什么我总不能专注？

大三学生小李，坐在教室里看书时，总担心有人坐在自己身后，有强烈的不安全感，以至于他只能坐在角落或者靠墙而坐，否则无法安心看书。小李对室友放音乐的行为非常反感，有时感到难以忍受，尤其是午睡时总担心会有声音干扰自己，从而睡不着，经常休息不好。但又不好意思跟同学当面发生冲突，因为觉得这样会影响同学关系。小李很长时间不能摆脱这种心理困境，很苦恼，因而严重影响了他的日常生活和学习。即将毕业，小李心中一片茫然，担心找不到理想的工作，有时候也懒得去想这个问题，怕增添烦恼。小李学习成绩一般，当看到其他同学都在准备研究生考试时，他也想考，但是又不能集中精力学习。

小李家庭经济状况一般，有一个弟弟在读初中。从小父母就期望他好好读书，长大后能帮助父母分担压力。他认为自己有责任挑起家庭的重担，但又觉得力不从心。自卑、缺乏自信、生活态度消极，他认为所有的一切都糟透了。近来更是觉得自己一无是处，没有勇气参加任何活动。

小组讨论：

（1）小李注意力不能集中的原因是什么？

______

（2）小李有哪些压力？

______

（3）当你有压力的时候，你有什么反应？

生理：______

情绪：______

行为：______

（4）小李该如何处理自己的情绪，让自己变得更自信？

______

（5）你有人际关系的压力吗？你是如何处理的？

______

______

（6）你认为社会支持系统在缓解压力方面能起到怎样的作用？你的社会支持系统有多强？你是否在有意识地建立并加强自己的社会支持系统？

______

______

（7）如果你是小李的同学，你能帮助他做些什么？

______

小贴士

社会支持分为两类：一类是客观的、可见的、实际的支持，包括物质上的直接援助、社会网络、团体关系的存在和参与，如家庭、同事等；另一类是主观的、可体验到的情感上的支持，指的是个体在社会中受尊重、被理解的情感体验和满意程度，与个体的主观感受密切相关。

【团体活动 9-3】我的压力故事

1. 活动内容

团队中的两人迅速组成搭档，分为 A、B 两个角色，A 先向 B 讲述一件让自己感到正常压力的事情，说明自己使用了什么压力应对技巧。角色互换，重复以上活动。

A 再向 B 讲述一件过度压力的事件，说明自己使用了什么压力管理技巧。角色互换，重复以上活动。每次讲述3分钟。

2. 小组讨论

（1）不同的压力带给自己的不同感受是什么？

（2）当压力出现时，如果积极应对会带给我们什么？如果消极对待又会带给我们什么？

（3）日常缓解压力的技巧有哪些？

（4）当我们面对失败时，如何做到越挫越勇？

小贴士

成长型思维模式认为，失败是自我成长和获取经验的一种方式，人的能力是不断增长的。

【对标学习9-1】压力铸就成功

狄更斯出生于英国的一个普通家庭。他自幼体弱多病，干任何事情都不能过于劳累。于是，他的童年不是在游戏中度过，而是在读书中度过。在他10岁的时候，父亲因负债被关进监狱，为了维持破产的家庭，狄更斯不得不设法谋生，去当了一名学徒。他不仅要以惊人的意志承受一个幼小虚弱的身体所无法承受的劳累与折磨，还要以顽强的毅力承受一颗稚嫩心灵难以忍受的冷酷与侮辱。但是，即使在这样巨大的压力下，狄更斯对知识的渴望也丝毫没有减退。一有空闲，他就拼命地阅读他所能找到的任何书籍。丰富的知识和经历为狄更斯未来的文学生涯打下了牢固的基础。另一方面，少年的苦难也磨炼了他的意志，正如他所说："顽强的毅力可以征服世界上任何一座高峰。"狄更斯没有被压力压倒，反而更加坚韧了，并最终攀上了文学的高峰。

喷水池只有承受压力，才能喷出朵朵银花；航船只有载重，才能安全远行；人只有担当压力，才有动力，才能获得成功。每个人都会遇到大大小小的压力，这些压力会令我们疲累、烦躁，但它们也是让我们前进的动力。

思考：

（1）狄更斯的故事说明了什么？你有什么感悟？

（2）压力对人们来说都是坏事吗？请你总结压力的好处与坏处。

（3）在日常学习、生活中，压力有没有带给你一些积极的影响？请举例说明。

（4）绘制压力与学习效果曲线图。

（5）思考一下，如何将压力转化为动力？

【对标学习 9-2】塞尔玛的“星星”

一个叫塞尔玛的年轻女子，陪伴丈夫驻扎在一个位于沙漠中的军事基地里。有一天，丈夫奉命到沙漠里演习，她一个人留在驻地的小铁皮房子里，不仅酷热难耐，而且没有人聊天。当地只有墨西哥人和印第安人，他们不会说英语。她对自己的生活失去了信心，产生了巨大的压力，她太难过了，就写信给父母说要回家。她父亲的回信只有一行字，但是这一行字，彻底改变了她的生活：

“两个人从牢房的铁窗望出去，一个人看到了泥土，一个人看到了星星。”

塞尔玛把这封信读了许多遍，她感到非常惭愧，决心在沙漠里寻找自己的星星。

她开始和当地人交朋友，人们对她非常热情。她对当地的纺织品和陶器非常感兴趣，人们就将舍不得卖给观光客人的纺织品和陶器卖给她。塞尔玛开始研究那些令人着迷的仙人掌和其他各种沙漠植物，又学习有关土拨鼠的知识。她观看沙漠的日出日落，还寻找海螺壳，这些都是几万年前这片沙漠还是海床时留下的。沙漠没有变，印第安人没有变，只是塞尔玛的念头和心态改变了。这一念之差使塞尔玛变成了另一个人，原先痛苦的生活变成了她一生中最有意义的冒险。她为自己的新发现兴奋不已。

两年之后，塞尔玛的新书《快乐城堡》出版了。她从自己的“牢房”看出去，终于看到了“星星”。

思考：

（1）塞尔玛是如何看到“星星”的？她都采取了什么措施？

（2）塞尔玛在应对压力时，运用了哪些压力管理方法？

（3）在你有压力时，你会使用积极思维应对压力吗？请举例说明。

（4）如何培养个体的积极思维能力？

第十章

提升情绪管理能力

能控制自己情绪的人，比拿下一座城池的将军更伟大。

——［法］拿破仑·波拿巴

学习导航

- 第十章 提升情绪管理能力
  - 热身场
    - 你了解情绪管理吗
    - 为什么需要情绪管理
    - 如何才能做好情绪管理
  - 实训项目
    - 自我练习
      - 测测你的情绪状态
      - 情绪ABC理论
      - 认识消极情绪
    - 团体活动
      - 情绪大法官
      - 重庆万州公交车坠江事故
      - 镜子活动
    - 对标学习
      - 笑声护士
      - 超越时间的人——霍金

热身场

1. 你了解情绪管理吗？

对你来说常见的情绪有哪些？

______

你理解的情绪管理是什么？

______

2. 为什么需要情绪管理？

你不能处理好情绪的原因有哪些？

______

情绪管理不良给你造成了哪些障碍？

______

科学的情绪管理有哪些基本原则？

______

3. 如何才能做好情绪管理？

你了解哪些管理情绪的方法？

______

如何有效地管理负面情绪？

______

实训项目

【自我练习 10-1】测测你的情绪状态

1. 最近让你感觉高兴的事情是：______

______

当时你的心情是：______

______

现在想起这些事，你的心情是：______

______

2. 最近让你感觉不高兴的事情是：______

______

当时你的心情是：______

现在想起这些事，你的心情是：______

每当心情糟糕的时候，你会觉得：______

你的心情总是：______

3. 情绪日记

记录自己每天的情绪，内容包括如下 6 个方面（表 10–1）。

情绪：你刚才经历了一种什么样的情绪？如何描述它？

程度：你给这种情绪的强度打几分？（1 ～ 10 分）

情景：你是在什么情景下经历这种情绪的？

想法：这个情景使你产生了什么样的负面想法？

生理：当你产生这种情绪时，你的身体有什么感觉？

行为：当你产生这种情绪时，你做了什么，或者想做什么？

表 10–1　　情绪记录表

情绪	
程度	
情景	
想法	
生理	
行为	

4. 消解情绪

记录情绪之后，对情绪进行分析，依次问自己以下 4 个问题（表 10–2）：

支持：有哪些支持你负面想法的证据？

反对：有哪些反对你负面想法的证据？

反思：如果是你朋友遭受到这样的情景，你会对他说什么？

再定义：经过一段时间的思考，如果现在重新给当时的严重程度打分，你会打几分？（1～10分）

表10-2 情绪分析表

支持	
反对	
反思	
再定义	

小贴士

心理学家本尼（Benni）的一项研究表明，参与者每天花15分钟写下自己最“真实的”且“不为人说”的痛苦经历和感悟，连续写4～6天之后，焦虑水平会开始下降。大约坚持一年后，个体就会表现出健康、乐观的心理状态，拥有更低的抑郁和焦虑水平，还能提高心理和生理的免疫能力。

【自我练习10-2】情绪ABC理论

请用情绪ABC理论对自己的一个负性事件进行分析。

1. 描述负性事件

发生了什么事？

当时有什么想法？

是怎样的情绪反应？（用词语表达）

2. 对“当时的想法”进行辩论。“这一想法”对吗？理由是什么？按当时的想法去做最大的好处是什么？最大的坏处是什么？

3. 若再来一次，现在的你会怎样处理，会说些什么，会做些什么，感觉如何？

____

____

4. 请就以下事件，尽可能多地写出你的想法，并注明每一种想法下的情绪。

事件：好友说周末会找你去逛街/打球，但整个周末他都没有和你联络。

想法 1：______________ 情绪 1：______________

想法 2：______________ 情绪 2：______________

想法 3：______________ 情绪 3：______________

想法 4：______________ 情绪 4：______________

5. 下列句子是否是非理性想法？如何转念？

（1）我受不了他爱表现的样子。

（2）表弟将我的作业本撕了，真气人，这是不得了的事，明天我怎么办？

（3）这次考试成绩糟透了，我真不是读书的料，我没希望了。

（4）父母不答应我和同学远足旅行，实在太过分了。

（5）这次考试没有保住全班第一的位置太让我伤心、生气了，我必须保持第一。

6. 填写下列表格，记录你的非理性想法，并修正（表 10-3）。

表 10-3　　非理性想法记录表

非理性想法	
场景	列出这个非理性想法可能存在的场景 场景一： 场景二： 场景三：
场景一	
现状	描述改变前的场景一
程度 1	场景一对我的困扰程度有多大？（0 ～ 10 分）
行动	我要做出哪些行动和改变？
目标	通过这些行动，我希望看到什么变化？
结果	我的实际行动得到的结果如何？
程度 2	通过行动和改变之后，场景一对我的困扰程度是几分？（0 ～ 10 分）
场景二	
……	……

小贴士

情绪ABC理论是由美国心理学家艾里斯创建的。这一理论认为，激发事件A（Activating event）只是引发情绪和行为后果C（Consequence）的间接原因，而引起C的直接原因则是个体由对激发事件A的认知和评价而产生的信念B（Belief），即人的消极情绪和行为障碍结果（C），不是由某一激发事件（A）直接引发的，而是由经受这一事件的个体对它不正确的认知和评价所产生的错误信念（B）所直接引起的。错误信念也称为非理性信念。

【自我练习10-3】认识消极情绪

1. 愤怒

（1）请想想自己生气愤怒时的情景，把当时的情况简要记录下来：实际上发生了什么事情？你是生自己的气还是生别人的气？

____

____

（2）请记录你当时的消极想法与情绪。是否感觉受到了伤害，感到厌烦或沮丧？脑海里闪过了什么念头？

____

____

（3）请把你消极想法中的失真处写在下面。

____

2. 焦虑和恐惧

（1）请回想一下你曾感到焦虑和不安的某个情景并作简要记录：当时发生了什么事情？请找出消极的想法：你当时自言自语了什么？想了些什么？

____

____

（2）也许你正在想着即将发生的某件糟糕的事情，也许你正担心别人对你的看法。试想一下令你紧张的某个情景，并找出你的消极想法。

____

____

（3）请把你消极想法中的失真处写在下面。

____

3. 消极情绪都不好吗？消极情绪是否也能给我们带来力量？

小贴士

消极情绪是指在某种具体行为中，由外因或内因影响而产生的不利于个人继续完成工作或者正常思考的情感。消极情绪包括忧愁、悲伤、愤怒、焦虑、痛苦、恐惧、憎恨等。

消极情绪产生的原因包括：对“应激源”产生的反应；在工作、学习或生活中遭受了挫折；受到了他人的挖苦或讽刺；莫名其妙地情绪低落等。

【团体活动 10-1】情绪大法官

1. 活动流程

（1）将所有的学员分为两组（也可以根据具体情况分成偶数组，每两组进行组合），给所有学员发一张白纸，在白纸上写下最近发生的一件让自己特别烦恼、焦虑、内疚或痛苦的事情，并写出为什么这件事让自己感觉这么不好。

（2）把白纸对折后，投进属于自己组的纸箱内。当所有学员完成后，开始游戏。

（3）每次每组派出一名选手，分别扮演“原告律师”和“被告律师”，由“原告律师”从对方组的箱子里抽出一张纸条，大声读出“令人苦恼的事”，然后指控对方：“‘受害者’之所以感到烦恼，是由于‘被告’使用了错误的信念 1（或 2，或 3）……”并阐述理由。证明排除了不合理信念后，那件“令人苦恼的事”可以有更理性的处理方式。“被告律师”可以进行申辩，力求证明这件事是值得烦恼和应该烦恼的。三分钟辩论后，“情绪大法官”可以邀请写这张纸条的学生发表自己的想法，由他来裁定哪位律师的话更有道理，说说自己的感想，胜利的律师为自己所在组加上一分。

（4）两组学员轮流扮演“被告方”和“原告方”，从对方的纸箱中抽取“令人……的事”，进行辩论，直到所有学员都参加过一轮辩论。

2. 小组讨论

（1）学员分享做“原告律师”时的内心感受。

（2）学员分享做“被告律师”时的内心感受。

（3）学员分享做“情绪大法官”时的内心感受。

（4）为何对同一件事，不同的人会产生不同的情绪？

（5）请写出近来让自己生气、伤心、紧张、受挫或自卑的事件（A）和当时的想法（B）与情绪，以及相应的行为结果（C）（至少三件事）。

（6）如果原来的想法引起了你的情绪困扰的话，试试换种想法会怎么样？

（7）假设你要参加一场演讲比赛，你感到十分焦虑、紧张和害怕，列出引起你这些负面情绪的想法，分析有哪些非理性因素，如何将其转化成理性观念？

（8）总结我们对他人的不合理的想法，该如何转化这些不合理的想法？

（9）是不是所有的情绪都是由不合理的想法引发的？如果不是，该如何处理？

小贴士

美国心理学家艾里斯认为，正因为我们常有一些不合理的信念，才会产生情绪困扰。如果这些不合理的信念久而久之地存在，还会引起情绪障碍。ABC 理论中的 A 还可以被认为是事情的前因（Antecedent），C 可以指事情的后果（Consequence），有前因必有后果，但有同样的前因 A，可以产生不一样的后果 C_1 和 C_2。这是因为前因与后果之间一定会有一座桥梁B（Belief），这座桥梁就是信念和我们对情境的评价与解释。

【团体活动 10-2】重庆万州公交车坠江事故

10 月 28 日，重庆万州一辆公交车在长江二桥上和一辆小轿车相撞后，冲上路沿、撞断护栏，坠入江中。关于为什么会发生这样的事故，网友的猜测可谓多种多样。一听到公交车和小轿车相撞，尤其是小轿车是女司机，就立刻开始吐槽甚至咒骂女司机，认为一定是女司机逆行才导致了这样的事故。当天事故视频被曝出后，这些围观群众、不负责任的谩骂者就被打了脸，原来是公交车突然压实线转道而酿成惨剧。

小组讨论：

（1）从这个案例中，你感悟到什么？

（2）请回忆最近发生的最令自己愤怒的一件事情，试着把情绪引发出来，按要求用笔写在纸上。

①描写自己当时愤怒的表情和动作。

②描述自己愤怒时的生理感觉，如心跳加速、呼吸急促、脸热、眼睛圆睁、头皮发紧、流泪等。

③表达自己愤怒时的内心感受，如“我被愚弄了！”“他（她）太过分！”“这简直是厚颜无耻的做法！”……

④写下自己愤怒时的行为反应，如骂人、摔东西、打人、痛哭、咬紧牙关、硬忍、强迫冷静等。

⑤写下做出愤怒反应后自己和对方的感受。

⑥你处理愤怒情绪的方式是否恰当？为什么？

⑦如果事件重演，你会怎样做？

（3）为什么会愤怒？愤怒一点好处都没有吗？愤怒背后的意义是什么？

（4）压抑愤怒的情绪好不好？会对人产生什么影响？

（5）该如何正确地应对愤怒？宣泄愤怒情绪时应注意什么？

（6）除了愤怒，还有哪些负面情绪？这些负面情绪都不好吗？

（7）讨论负面情绪管理不良带来的后果都有哪些？

（8）对于负面情绪，我们应该如何科学地管理？

小贴士

“认知偏差”指的是人们根据主观感受而非客观情况建立的主观以为的社会现实。认知偏差容易引发感知失真、判断不准确、解释不合逻辑、先入为主等各种“非理性”的结果。心理学专家认为：有效避免冲突，解决“认知差异”的好方法就是转移压力，不要固执地认为别人的反应都是针对自己。

【团体活动 10-3】镜子活动

1. 活动流程

（1）学生两人一组，甲学生做出各种愉快的表情，乙学生作为镜子模仿甲的各种表情。时间为 2 分钟左右。

（2）双方互换角色。

（3）先想一件你不开心的事，然后再重复上边的动作。

（4）回想最近两周令自己开心的事情，用笔在纸上列出自己的“快乐清单”，每人至少列出 10 项。

（5）在小组内读出自己的快乐清单。

（6）学生两人一组，甲学生做出各种愤怒的表情，乙学生作为镜子模仿甲的各种表情。时间为 2 分钟左右。

（7）双方互换角色。

2. 小组讨论

（1）分享你在做愉快表情时的内心感受？

（2）当你模仿他人的表情时，内心感受是什么？

（3）当你看到“镜子”里的表情时，内心感受是什么？

（4）当你不开心，但是又不得不假装开心时，内心感受是什么？

（5）身体的姿态是否会影响情绪？每天对着镜子笑，会不会让自己的心情好起来？

（6）当你在模仿对方愤怒的表情时，内心感受是什么？情绪是否会受到影响？

（7）快乐能够传染，那么其他情绪会不会呢？当你处在负情绪中时该怎么做？如何减少负情绪的传染？

（8）当你和他人分享你的10件快乐的事情时，内心感受是什么？你从周围环境中又感受到了什么？

（9）归纳让自己快乐的方法。

小贴士

坏情绪就像一种传染病，如果一个人不加控制地肆意发泄出来，那么周围的人也许都会遭殃，但是最遭殃的人必然是他自己，因为这个人不但是传染源，还是那个病得最厉害的人。

【对标学习 10-1】笑声护士

据美国芝加哥《医学生活周报》报道，美国一些大型医院和心理诊所已经开始雇用“幽默护士”。她们陪同重病患者看幽默漫画并谈笑风生，将此作为心理治疗的方法之一。幽默与笑声帮助不少重病患者或情绪障碍者解除了烦恼与痛苦。

耶鲁大学心理学教授列文博士（Dr. Lewin）说：“笑是人类征服忧虑的一种能力。”人们都喜欢笑声，它能给人带来开心的体验，传递和表达一种积极的状态。

思考：

（1）是什么让病人的情绪有了改变，减轻了病人的烦恼和痛苦？

（2）在生活中，你遇到过哪些让你意志消沉的事情，你是如何转变自己消极情绪的？

（3）你曾使用过“笑声”来改变自己的糟糕情绪吗？

（4）人生处处充满希望，关键是我们要有一双慧眼，按照提示绘画（表 10-4）。注意：绘画时找一个安静的地方，慢慢地画，尽可能地感受当时的每个场景。

表 10-4 画出人生中的一件事

1. 你感觉最幸福的一件事	2. 你感觉最快乐的一件事	3. 你做过的最成功的一件事
4. 你最受感动的一件事	5. 你对未来最期待的一件事	6. 与同学相处最快乐的时刻
7. 求学中收获最大的一件事	8. 你最感动他人的一件事	9. 与家人共处最快乐的时刻

（5）依照上面的九宫格画完画，你有什么感悟？

【对标学习 10-2】超越时间的人——霍金

世界著名的物理学家霍金教授于2018年3月14日去世，享年76岁。霍金是一位伟大的物理学家，他的主要贡献是奇点定理和霍金辐射，这是对学术界影响最大的两个学术贡献。他还著有《时间简史》《果壳中的宇宙》等科普著作，均被翻译为多种文字出版，畅销全球。

霍金小时候的学习能力并不强，学习阅读都很难，成绩也不突出，甚至作业都很不整洁。老师们都感觉他无可救药了，同学们也都嘲弄他，还给他起了一个带有讽刺意味的外号“爱因斯坦”。可是霍金并没有因此而消沉，相反愈发喜欢追根究底，并对此乐此不疲。上了中学，他更是对物理产生了浓厚的兴趣，可是他认为书本里的知识太肤浅，于是开始了自我探索之路，20多年后，他真的成为爱因斯坦一般的人物。

霍金17岁就考上了剑桥大学。美好的生活正在开始，可是上天好像故意给他制造磨难。在霍金21岁时，他得知自己患上了“渐冻症”。医生预测他只能活3年，但霍金不想就这样放弃，他还有很多事情要做。于是他继续坚持自己的研究，最终成为一个伟大的物理学家，对人类做出了杰出的贡献。

霍金的意志非常坚强，他对生活始终抱着乐观和幽默的态度。一次霍金演讲结束后，一位女记者问道：“病魔已将您永远固定在轮椅上，您不认为命运让您失去太多了吗？”霍金的脸上充满了笑意，用他仅能活动的3根手指，艰难地叩击键盘，显示屏上出现了四句话：“我的手指还能活动；我的大脑还能思考；我有终生追求的理想；我有爱我和我爱的亲人和朋友……”在回答完那个记者的提问后，他又艰难的打出了第五句话：“对了，我还有一颗感恩的心！”现场爆发出了雷鸣般的掌声……

思考：

（1）读完这个故事，你有何感悟？

（2）霍金是如何面对命运的？

（3）在你的成长过程中，一定遇到过很多帮助过你的人，搜索记忆，找出六位你觉得对自己帮助最大的人以及事件，填写在下面的表格（表10-5）中。

表 10-5　　成长中对你帮助最大的人和事

（4）填完表格后，你有何感想？

第十一章

提升人际关系能力

人好刚，我以柔胜之；人用术，我以诚感之；人使气,我以理屈之。

——（清）金缨

学习导航

- 第十一章 提升人际关系能力
  - 热身场
    - 你了解人际关系吗
    - 为什么需要提升人际关系
    - 如何才能做好非暴力沟通
  - 实训项目
    - 自我练习
      - 人际关系六幅画
      - 个性名片
      - 人际关系中的我
    - 团体活动
      - 信任不倒翁
      - 情景剧
      - 回旋沟通
    - 对标学习
      - 劝好朋友戒烟
      - “沟通漏斗”

热身场

1. 你了解人际关系吗？

对你来说什么是人际关系？

你理解的人际关系是什么？

2. 为什么需要提升人际关系？

你不能处理好人际关系的原因有哪些？

人际关系不良给你造成哪些障碍？

人际吸引的基本方法有哪些？

3. 如何才能做好非暴力沟通？

什么是非暴力沟通？

怎样做到非暴力沟通？

实训项目

【自我练习 11-1】人际关系六幅画

1. 按照要求在下面的格子中绘画

（1）找出在自己人际关系交往中对自己有积极影响的一个人，在第一行中画出与他/她交往的积极画面，共三幅（表 11-1）。

（2）找出在自己人际关系交往中对自己有负面影响的一个人，在第二行中画出与他/她交往的消极画面，共三幅（表 11-1）。

表 11-1　　人际关系六幅画

积极画面			
消极画面			

2. 思考

（1）你和谁的人际关系好？为什么？

______

______

（2）你和谁的人际关系不良？为什么？

______

______

（3）人际关系不良对今天的你有什么影响？是积极的还是消极的？

______

______

（4）今天的你再回头看当时的情景，你会怎样处理？为什么？

______

______

（5）不良的人际关系对你的未来会产生怎样的影响？

______

______

（6）你认为要处理好人际关系，最需要具备的能力是什么？

______

______

小贴士

好的人际关系有如下四个特点。

1. 互相尊重。人与人相互尊重是开展一切关系的前提。

2. 对人真诚。每个人都喜欢真诚，真诚是自带力量的。如果你对人真诚，对方就会感受到你的诚意，也会用真诚的心回报你。

3. 对人热情。热情是表达你对他人友好的方式，是人际关系的催化剂。

4. 与人分享。人与人之间有个很重要的互动方式就是“分享”，保持与他人应有的分享，是我们获得一段良好人际关系的关键。

【自我练习 11-2】个性名片

1. 活动流程

给自己设计一张名片，名片上要写出不少于 5 条的个人信息。除文字外，还可用图形、图画等多种形式表示。可以对自己的名片进行合理的设计，以赢得别人的兴趣和好感。

“个性名片”上的内容和信息，可以参考以下这些方面：

姓名、网名、特长、兴趣、爱好，崇拜的人、欣赏的人、尊敬的人，理想、目标、志向、经历，体型、外貌、身高、体重，手机号码、QQ 号、邮箱、学号。

（1）至少向 5 个陌生人推销自己的名片，同时也推销自己。

（2）至少向 5 个熟悉的人推销自己的名片，同时也推销自己。

2. 思考

（1）设计名片时，你有什么感悟？

____

（2）你的名片都包含哪些信息？为什么你会选择这些信息？

____

____

（3）你最希望他人了解你什么？为什么？

____

____

（4）你对自己的信息满意吗？你觉得这些信息能够代表你吗？为什么？

____

____

（5）当你向陌生人推销自己时，你的内心感受是什么？

（6）当你向陌生人推销自己时，你觉得你引起他/她的注意了吗？如果是，你觉得是哪一点打动了他/她？如果没有，为什么？当别人拒绝你时，你的内心感受是什么？

（7）你会拒绝别人吗？当你拒绝别人时，你心里会怎么想？会有什么样的感受？如何才能没有伤害地拒绝别人？

（8）当你向熟悉的人推销自己时，你的内心感受是什么？

（9）如果让你用“30秒电梯法则”来介绍自己，你会怎样做？

（10）“30秒电梯法则”的基本原则是什么？

（11）如何快速地给他人留下深刻又美好的第一印象？

（12）做完这个活动，你的感悟是什么？

小贴士

“30秒电梯法则”是由麦肯锡前高级项目经理詹森·克莱因（Jensen Klein）提出的。当时的场景是，杂志社的销售人员不懂得如何向顾客介绍他们出版的杂志，广告收入在缩水。于是，詹森·克莱因就用电梯法则训练他们，让销售人员在30秒内完成对杂志的介绍。后来，电梯法则成为一种对销售人员来说非常有效的训练工具，而且杂志社的广告收入也连年增长起来。

【自我练习11-3】人际关系中的我

按要求填写下表（表11-2）。

表11-2　人际关系中的我

父母眼中的自己	
老师眼中的自己	
朋友眼中的自己	
同学眼中的自己	
兄弟姐妹眼中的自己	
自己眼中的自己	
自己理想中的自己	

完成表格后，你有什么发现？

____

____

小贴士

在社会学中，人际关系被定义为人们在生产或生活活动过程中建立的一种社会关系。作为社会关系的一个重要组成部分，正确认识自己的人际交往活动非常重要。全面认识自我有助于在不同方面提升自己，在人际交往中可以将自己好的一面展现给别人。

【团体活动11-1】信任不倒翁

1. 活动流程

（1）让学生将所有身上的硬物，例如眼镜、钥匙、手机等，统一放在指定的地方。

（2）学生围成一个圆圈，指定其中一位学生站在圆圈当中充当“不倒翁”，其他学生距离“不倒翁”一拳的距离。

（3）站在圈中的学生双手交叉抱肩双脚并拢，腿并紧腰挺直，头低垂，姿势直立。

（4）圈中的学生大声报出自己的名字，然后说“请大家为我加油”。

（5）所有学生将手搭在这名学生的肩膀或者背部，齐声喊“1、2、3”，大家一起喊出他的名字，再喊“加油加油”，齐声喊“Yes”结尾。

（6）圈中的学生闭上双眼，做双臂抱肩的姿势，大声询问："准备好了吗？"其他人呈半下蹲的姿势，掌心对着圈中的学生，五指打开做承托准备，回答："我们准备好了"。

（7）得到回答后，圈中学生大声报出"1、2、3"，3 字出口的同时在保持双脚不动的情况下，身体向前直倒，其前方的学生用双手将其托住，两侧的学生做好保护姿势防止漏接。

（8）接人者应保持半弓步姿势站立，双手放于胸前，双臂微屈。

（9）"不倒翁"保持双脚不动，将身体完全倒在队友的手中，此时应保证至少有 3 个人、6 只手在支撑"不倒翁"。

（10）队员将"不倒翁"顺时针推动一圈，再逆时针推动一圈。

（11）圈外学生距离圈内"不倒翁"一只手臂长度，所有学生都充当一次"不倒翁"后，项目结束。

注意：

①选择地面相对平整，无障碍物的地方作为活动区域。

②不得有意加大难度或开玩笑。

③要提前告知大家这个项目是徒手团体项目，安全要靠每个人认真负责。

④要告知希望他人怎样对待你，你就要怎样对待他人。

⑤教师要始终站在"不倒翁"的身后方向，防止意外发生。

⑥万一某位学生意外倒地，应立即暂停项目，请全体学生反思刚才哪里做得不到位，应如何避免。探讨后，带领全体学生向倒落的"不倒翁"鞠躬道歉，然后继续进行活动。

⑦做"不倒翁"的学生速度不能过快以免发生危险。

⑧严格要求"不倒翁"学生身体直立，闭目，遵守规则。

2. 小组讨论

（1）学生分享做"不倒翁"时的内心感受。

____

（2）学生分享做"支撑者"时的内心感受。

____

（3）活动中你会怎么做或怎么想，才会相信其他人会安全地支持你？

____

____

(4) 从开始到结束，你觉得身体有什么变化？

---

(5) 当你被他人信任时，你内心的感受是什么？

---

(6) 当你内心感到恐惧或者不安全时，你最需要的是什么？

---

(7) 你认为人际关系中最重要的是什么？

---

(8) 你认为团队成员之间最重要的是什么？

---

(9) 通过这样的活动，你觉得大家彼此间的关系会有什么改变？

---

(10) 在现实生活中，如果你遇到需要将自己的安全寄托在别人身上的事情，你会怎样做？在何种前提下你才会这样做？

小贴士

美国著名管理学大师史蒂芬·柯维曾经说过，“缺乏信任就是糟糕的人际关系的最好定义”。信任之于人际关系的重要性，就如空气之于人。在所有的人际关系中，信任是一切活动的基础。在团体中，信任也是黏合剂，信任能将成员串联起来并促使大家将工作做得更好。

【团体活动 11-2】情景剧

1. 活动流程

找学生分别扮演角色 A 和角色 B。按照下面的场景进行表演，其他学生观看。

几乎每个寝室都有这种情况：有人喜欢早睡，有人喜欢晚睡，有人喜欢早起，有人喜欢晚起。A 每天都要早睡，而同寝室的 B 却喜欢晚睡，B 每天晚上都开台灯看书或者上网，由于 A 对光线特别敏感，所以每天 B 什么时候睡 A 就只能什么时候睡。终于有一天，A 忍耐不住跟 B 说：“你能不能早点睡啊，你每天晚上都吵到我睡觉！”B 说：“奇怪，我又没作声，只是在看书，又没见吵到 C 跟 D！你每天早早起来发出声响才吵死人呢！”结果谁也说服不了谁，两个人在寝室里经常闹不愉快。

2. 小组讨论

（1）表演的学员分享自己内心的感受。

（2）观看的学员分享自己内心的感受。

（3）你们寝室还有哪些情景和这一幕类似？

（4）这些矛盾产生的原因是什么？

（5）你们当时怎么解决的？

（6）我们与他人沟通时，应如何表达？

（7）当双方的生活习惯不相同时，我们该如何调整？

（8）设计解决这种矛盾的方案。

（9）我们可以通过哪些方式来主动表达对他人的接纳、喜欢和肯定？

小贴士

心理剧（Psychodrama）由美国精神病理学家莫瑞努（Moreno）于1921年提出。它能帮助参与者通过音乐、绘画、游戏等活动体验自己的思想、情绪、梦境及人际关系，是一种可以使参与者的感情得到宣泄从而达到治疗效果的戏剧形式。

【团体活动11-3】回旋沟通

1. 准备话题

（1）如果医生告诉你，你只剩半年的生命，你将如何安排这半年的生活？

（2）假如你有100万元，你将如何使用？

（3）假如你是教育部部长，你最想做的事是什么？

（4）假如你是市长，你最想为市民做的事是什么？

（5）假如你有机会环游世界，你会如何计划旅程？

（6）假如你能回到十年前，你会如何安排这十年？

2. 活动流程

（1）请学生报数字“1”或“2”，报“1”者在外圈，脸朝里，报“2”者在里圈，脸朝外，两人面对面坐下。

（2）由主持人交代话题，内圈的学生先表达，外圈者倾听，一至两分钟后，内圈者倾听，外圈者表达。

（3）主持人换话题，此时，内圈的学员向左移一个位子，外圈的学员不动，其他步骤同上。

（4）如此可进行五至六个话题，让学员有机会与不同的人沟通。

3. 活动规则

（1）讲述方必须用第一人称“我”来表述自己的观点。

（2）倾听者不可打断表达方的话语或反驳对方。

（3）交谈的双方不得将话题岔开。

4. 小组讨论

（1）学生分享作为讲述者时的内心感受。

____

（2）学生分享作为倾听者时的内心感受。

____

（3）内外圈的学生分别推选出最佳倾听者人选，并说明为什么。

____

（4）内外圈的学生分别推选出最佳讲述人员，并说明为什么。

____

（5）你认为沟通中最重要的是什么？为什么？

____

（6）你会倾听吗？倾听最关键的因素是什么？倾听有几个层次？你在第几层？

____

____

（7）在沟通过程中，你能清楚地表达吗？表达的技巧都有哪些？

____

(8) 在表达的过程中如何充分利用非语言因素?

小贴士

俗话说，善于沟通的人也是一个良好的倾听者，而笨拙的沟通者总是喋喋不休。在人际沟通中，并不是只要把自己的意见、想法表达出来就可以了，更重要的是用心倾听对方所传达的信息，如此才能真正达到双向沟通的目的。这是一种基本的沟通态度，也是一种可习得的技巧。

【对标学习 11-1】劝好朋友戒烟

艾伦和卡特是有30多年交情的老朋友。多年来，艾伦想尽一切办法帮卡特戒烟，但都没有成功。在过去的几年里，卡特咳嗽得越来越厉害。有一天，艾伦终于忍不住和卡特再一次谈到了戒烟。

艾伦："卡特，这个问题我们已经说过无数次了。我很害怕，你这样抽下去，很快就会完蛋！你是我最好的朋友，我不想失去你。请不要认为我又在指责你。我真的没有。我只是很担心。"（过去，艾伦在劝卡特戒烟时常常会指责他。）

卡特："我知道你是在关心我。我们是老朋友了……"

艾伦：（提出请求）"你愿意戒烟吗?"

卡特："我希望我能做到。"

艾伦：（了解卡特无法做到的原因）"你不想戒烟，是因为你担心自己做不到吗?"

卡特："是的。你知道我已经戒过很多次了，但都没有成功。我想别人会觉得我很没用。"

艾伦：（猜测卡特会有什么请求）"我没有看轻你。即使你再次戒烟失败，我也不会看不起你。我只是希望你再试一试。"

卡特："谢谢。但又不是只有你一个人……从他们的眼中，我可以看出，他们认为我是个没用的人。"

艾伦：（体会卡特的感受和需要）"如果不是担心别人的看法，你就会愿意再次戒烟，是吗?"

卡特："我不喜欢自己有烟瘾。我不希望自己听任烟瘾的摆布……"

艾伦：（艾伦点了点头。眼神流露出他对卡特的关心。）

卡特："我已经不喜欢抽烟了。如果是在公共场合抽烟，我会觉得很不好意思。"

艾伦：（继续体会卡特的感受和需要）“听起来，你很想戒烟，可又担心失败——你害怕这会影响到你的形象和信心。”

卡特：“是的。我想这就是我的意思……你知道，我以前并没有提到这一点。当人们劝我戒烟时，我就会叫他们走开。我是想戒烟，但我不想任何人给我压力。”

艾伦：“我不希望你有压力。我也不知道能否打消你的顾虑，但我会尽力帮助你——只要你愿意。”

卡特：“我真的很感激你的关心。但是，如果我现在还做不到，你会介意吗?”

艾伦：“当然不会！我只是希望你的健康状况能变好。”（因为艾伦提出的是真诚的请求，而非要求，不论卡特有怎样的反应，他们的关系都不会受影响。）

卡特：“谢谢！也许我会再试一次。但请你先不要告诉别人，好吗?”

艾伦：“好的。你放心。我是不会和任何人说的。”

思考：

（1）读完上面的故事你有何感悟？

____

（2）你遭受过语言暴力吗？如有，请举一个例子。

____

____

（3）暴力沟通产生的原因是什么？

____

____

（4）非暴力沟通的四个要素是什么？分别是什么含义？

____

____

（5）如何区分观察和评论？

____

（6）判断下列句子是观察还是评论？如果是评论，如何转化成观察？

①你太大方了。______________________________

②她无法完成工作。______________________________

③如果你饮食不均衡，你的健康就会出问题。______________________________

④米奇花钱大手大脚。______________________________

⑤欧文是个差劲的前锋。______________________________

⑥你总是很忙。__________

⑦需要她的时候，她从不出现。__________

⑧你很少配合我。__________

⑨他经常过来。__________

（7）你认为下列句子中的发言者对自己的感受负责了吗？如果没有，为什么？怎样描述才是对自己的感受负责。

①“你将公司机密文件放在了会议室，太令我失望了”。

____

②“你这么说，我很紧张，我需要尊重”。

____

（8）感受的根源是什么？如何体会和表达感受？

____

____

（9）如何发现自己的需要和他人的需要？

____

____

（10）如何表达自己的需要和满足自己的需要？

____

____

（11）如何满足他人的需要？

____

____

（12）如何区分请求和命令？

____

____

（13）如何全身心地倾听？

____

____

（14）如何表达自己的请求？

____

____

（15）请总结如何才能做到良好的沟通。

【对标学习 11-2】“沟通漏斗”漏了什么？

你是否在生活中听过别人这样吐槽：明明和下属沟通好了工作，可是下属执行的时候就走了样！领导交代的工作，自己以为做得很完美，完成后却被领导批评一顿！

其实，从心理学角度看，这种状况十分常见。相关研究表明，沟通过程中总会有信息的流失，这种现象被称为“沟通漏斗”，如下图（图 11-1）所示。

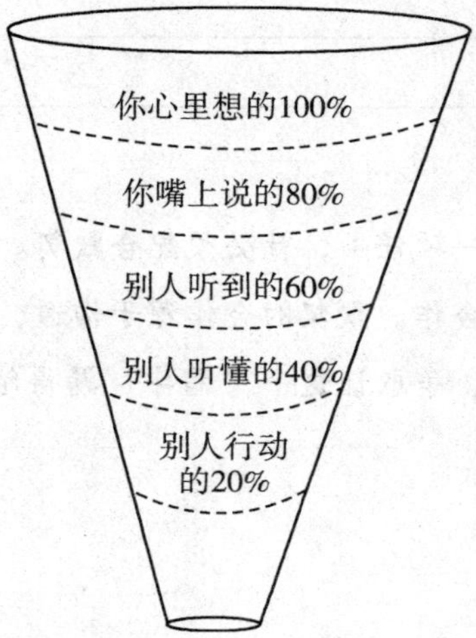

图 11-1 沟通漏斗

因为人的思想和感情非常丰富，用现有的文字符号是无法完全表达出来的，就算能完全表达出来，接受者也不见得能完全理解和记住，因此，沟通漏斗是客观存在的。

沟通漏斗理论告诉我们：信息的传递本身就是一个递减的过程，呈现的是信息由上至下逐渐减少的趋势。对发言者来说，如果他心里想的是 100% 的东西，当在众人面前表达时，说出来的可能只占总量的 80%，而进入倾听者耳朵时，由于文化水平、知识背景不同等原因，倾听者只能听取 60%，真正被理解消化的大概只有 40%，等这些人遵照领悟的 40% 开展具体行动时，原来 100% 的内容就只剩下 20% 了。

思考：

（1）读完上面的学习材料你有何感悟？

（2）这则材料说明在沟通中经常会出现的一种现象——沟通漏斗，你的理解是什么？

______

______

（3）沟通漏斗产生的原因是什么？

______

______

（4）如何避免在沟通过程中出现“漏斗效应”？

______

______

小贴士

一个团队要共同完成一项任务，就必须配合默契。一个企业要发展壮大，员工之间就必须达成有效的合作。默契的合作源于沟通，更是对沟通的升华。在工作中要掌握一些沟通技巧，争取让这个“漏斗”漏得越来越少。

第十二章

求职准备

凡事预则立，不预则废。

——《礼记·中庸》

学习导航

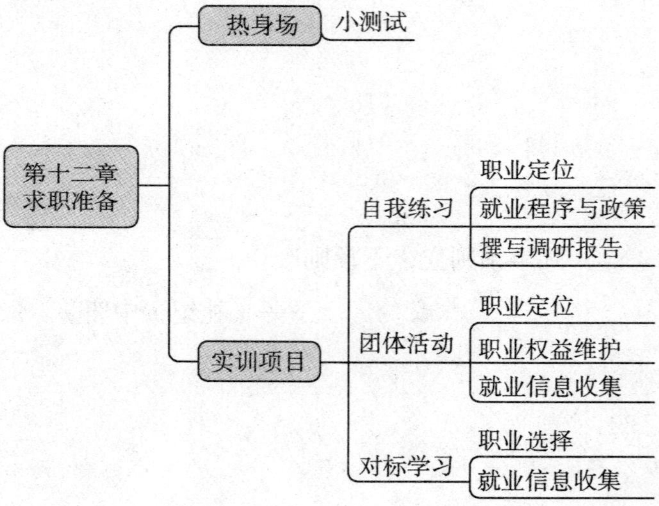
第十二章
求职准备
热身场
小测试
实训项目
自我练习
职业定位
就业程序与政策
撰写调研报告
团体活动
职业定位
职业权益维护
就业信息收集
对标学习
职业选择
就业信息收集

热身场

小测试

法国哲学家萨特说：We are our choice（我们的决定，决定了我们）。那么，大学四年我们为自己的未来做了哪些准备？先做个测试看看：

1. 你了解自己的优缺点吗？

A. 了解　　B. 不了解

2. 你了解自己的性格特点吗？

A. 了解　　B. 不了解

3. 你了解自己的职业兴趣吗？

A. 了解　　B. 不了解

4. 你了解自己最擅长的职业类别吗？

A. 了解　　B. 不了解

5. 你在选择专业时是否考虑过跟未来所从事职业的关系？

A. 是　　B. 否

6. 你是否确定了职业目标？

A. 是　　B. 否

7. 你认为是否有必要对自己进行职业规划？

A. 是　　B. 否

8. 你是否打算制订细致的职业规划方案？

A. 是　　B. 否

9. 你在职业发展上是否有指路人？

A. 有　　B. 没有

10. 你是否需要职业生涯规划方面的指导？

A. 是　　B. 否

11. 你知道职业如何分类吗？

A. 知道　　B. 不知道

12. 你对社会中的某些职业是否有比较清楚的了解？

A. 是　　B. 否

13. 你了解目前所学专业的职业发展方向吗？

A. 是　　B. 否

14. 你是否喜欢目前所学的专业？

A. 喜欢　　B. 不喜欢

15. 你是否打算将来应聘专业对口的工作？

A. 是　　B. 否

16. 你了解用人单位对招聘员工的能力和素质的要求吗？

A. 了解　　B. 不了解

17. 入学时你就开始思考就业问题了吗？

A. 有　　B. 没有

18. 你认为应该从何时开始考虑职业发展问题？

A. 一年级　　B. 二年级

C. 三年级　　D. 四年级

19. 你认为自己未来就业的前景如何？（单选）

A. 确认可以找到满意的工作

B. 通过努力可以找到工作

C. 现在就业困难很大，对找到合适的工作信心不足

D. 就业形势堪忧，担心找不到工作

E. 没有想过，走一步看一步

20. 你需要哪些方面的就业指导？（可多选）

A. 职业礼仪、形象指导

B. 求职、面试技巧、说话艺术的指导

C. 职场中为人处世原则

D. 组织能力以及团队合作素养

E. 个人的长远职业发展规划指导

21. 以下就业指导方式你比较喜欢的有：（可多选）

A. 提前进行企业入职培训体系的学习和训练，与企业进行多种方式的互动

B. 给专业的职业咨询公司支付费用购买服务

C. 从网络上获取相关职业资讯

D. 初入职场的校友的经验分享

E. 就业指导课程

F. 就业和职业规划的面对面咨询

G. 就业和职业规划的专题讲座

H. 职业素质拓展

说明：

1 ～ 18 题。如果你有 10 题以上的选择是 B 的话，说明你对自己和职业的了解很不充分。19 ～ 21 题是为了更好地了解同学们的需求，有针对性地开展教学活动，希望你能积极参与，让教学更具实效性。

根据测试结果，请大家思考以下问题：

（1）为什么很多同学在大学期间，缺乏学习主动性，总是在被动地适应大学的学习和生活？

____

____

（2）为什么很多同学在择业时，不知道自己的优势在哪里，不了解自己究竟适合什么职业？

____

____

（3）为什么很多同学在毕业时才发现自己缺乏就业竞争力？

____

____

（4）作为一名即将毕业的大学生，你该如何做好求职择业的准备？

____

____

实训项目

【自我练习 12-1】职业定位

一、自我价值评估

毕业时，你值多少钱

现在，分析几种自我因素并给出定价，来看看自己值多少钱。这些因素可以是现在就有的，也可以是毕业时才具备的。比如，诚信估价 100 元，能力估价 200 元，英语水平估价 300 元，经验估价负 300 元。盘点自己的各种知识、专业技能、职业能力、奖学金、荣誉称号、工作经验等，在自我价值评估表（表 12-1）中具体列出，然后把它们加起来，最后的数字就是你毕业求职时的参考“价格”。

表 12-1　　　　　　　　　自我价值评估表

自我因素	估 价（正、负）（元）	备注（何时具备）
专业技能		
职业性格		
专业知识		
工作经验		
思想品德		
职业能力		
荣誉称号		
特长优势		
其他		
合计		

二、就业意向分析

1. 请根据课堂讲授和自己的实际情况，按照表 12-2 给出的选项进行填写，梳理出自己的就业意向，对出路选择进行分析。

表 12-2　　　　　　　　　就业意向分析表

<table>
<tr><td>方向</td><td colspan="4">前三位选择</td><td>求职意向</td></tr>
<tr><td rowspan="3">行业</td><td colspan="4">1.</td><td rowspan="12">第一类求职方向
行业：
企业：
职能：
地域：
第二类求职方向
行业：
企业：
职能：
地域：
第三类求职方向
行业：
企业：
职能：
地域：</td></tr>
<tr><td colspan="4">2.</td></tr>
<tr><td colspan="4">3.</td></tr>
<tr><td rowspan="3">企业（可用具体公司代表）</td><td>国企类</td><td>公司 1：</td><td>公司 2：</td><td>公司 3：</td></tr>
<tr><td>外企类</td><td>公司 1：</td><td>公司 2：</td><td>公司 3：</td></tr>
<tr><td>民企类</td><td>公司 1：</td><td>公司 2：</td><td>公司 3：</td></tr>
<tr><td rowspan="3">职能（可用具体岗位代表）</td><td>1.</td><td>岗位 1：</td><td>岗位 2：</td><td>岗位 3：</td></tr>
<tr><td>2.</td><td>岗位 1：</td><td>岗位 2：</td><td>岗位 3：</td></tr>
<tr><td>3.</td><td>岗位 1：</td><td>岗位 2：</td><td>岗位 3：</td></tr>
<tr><td rowspan="3">地域</td><td>1.</td><td></td><td></td><td></td></tr>
<tr><td>2.</td><td></td><td></td><td></td></tr>
<tr><td>3.</td><td></td><td></td><td></td></tr>
</table>

（1）你的毕业选择是：____________________________________

注：选择主要包括就业、升学、留学、考公务员、自由职业和创业。

（2）选择该出路的理由是：________________________

____

（3）选择该出路，资源或优势在于：________________________

____

（4）选择该出路，主要困难或不利条件是：________________________

____

（5）若要实现该目标，具体要求有：________________________

____

（6）你目前和该目标之间的差距在于：________________________

____

（7）为缩短差距，实现目标，现制定以下策略和实施方案：________________________

____

2. 就业目标定位

由此，你对就业目标的定位作出如下规划：

（1）你的就业目标定位

职业/职位：________________________

行业：________________________

组织：________________________

地域：________________________

目前可以选择的是________________，你还想通过努力达到的是____________。

（2）就业可行途径和策略

要达到上述就业目标，你的策略是：________________________

资源和条件保障是：________________________

你的应急措施有：________________________

【自我练习 12-2】就业程序与政策

1. 本省今年应届毕业生的就业程序是什么？

____

2. 本省今年事业单位公开招聘工作人员的招聘岗位、招聘条件及报考流程是什么？

____

____

3. 今年本省“三支一扶”人员、应届毕业生、创业大学生的就业服务政策有哪些？

【自我练习 12-3】撰写调研报告

参加一次现场或线上高校应届毕业生招聘会，并写一篇调研报告。

要求：内容应包括参加招聘会的准备工作和现场注意事项、目标岗位的需求情况、企业对人才的职位要求和自己参加招聘会的感受等。

【团体活动 12-1】职业定位

2019 届毕业生小王来自江西于都，直到当年 3 月还未落实工作单位。学校的就业辅导老师去外地参加一场毕业生供需见面会，顺便将他的应聘材料带去帮他落实单位。刚好云南罗平有一家学校要他，且专业对口。然而小王的择业要求却是单位必须在江西赣州，至于是什么单位、具体做什么工作都无关紧要，除此以外，其他单位他都不考虑。在这种心态下，你认为小王的求职结果会如愿吗？

小组讨论：

（1）你们认为这个同学在求职过程中存在哪些问题？

（2）求职前应该做好哪些准备？

（3）如何做好职业定位？

【团体活动 12-2】职业权益维护

小张是上海某国际贸易公司（以下简称公司）于 2012 年 7 月招聘的应届大学毕业生，2019 年 2 月 20 日小张提出辞职，得到了公司的同意后，小张以公司扣押其大学毕业证书和学位证书且造成其不能在其他单位就业为由提起劳动仲裁，要求公司归还其学历和学位证书并赔偿扣押证书所造成的损失。仲裁裁决支持了小张的请求，公司不服起诉至法院。

小张为证明自己的主张，向法院提交了公司收取学历和学位证书的收条，以及自己跟公司经理就归还上述证书的谈话录音，录音中经理明确表示自己不会销毁证书。小张同时提供了与新用人单位的劳动合同（试用期工资为4500元/月）和辞退通知书，证明因为自己没有学历和学位证书，被新用人单位辞退并造成每月4500元的工资损失的事实。

该公司辩称公司从未收取过小张的学历和学位证书，小张提交给法院的学历和学位证书的收条是小张自己手写后私自加盖的公司公章；且小张与经理谈话时经理正在做其他事情，对小张讲的话未加留意，因此，不能根据该两份证据认定公司收取了小张的学历和学位证书。

法院认为小张提供的收条和录音资料足以证明公司扣押了小张的学历和学位证书。该公司虽然予以否认，但其未提供相反证据予以反驳，其解释又前后矛盾，不符常理，故对该公司主张，法院不予采信。遂判决公司于判决生效之后10日内归还小张学历和学位证书原件，并按4500元/月的标准赔偿小张因扣押学历和学位证书造成的损失。

小组讨论：

（1）案例中用人单位的做法违法吗？

（2）案例中的用人单位违反了《劳动合同法》中的哪些条款？

（3）毕业生在求职过程中要有哪些自我保护意识？

【团体活动12-3】就业信息收集

1. 在以下各类信息中，任选一类进行收集整理：

（1）全国高校毕业生的就业形势，与自己所学专业相关的行业的发展状况和人才需求情况等。

（2）北京、上海、济南、烟台、青岛或你的家庭所在地的就业形势、人才需求情况、就业政策等。

（3）某地区高校毕业生的就业政策，如人事代理政策、落户政策、优惠政策等。

（4）国家或地方公务员考试的政策，如报名条件、时间、程序等。

（5）研究生报考的有关政策和流程等。

（6）选调生报考的条件、选拔推荐程序等。

（7）山东省“三支一扶”计划的有关优惠政策。

(8) 山东省志愿服务西部的有关政策与程序。

(9) 你认为对就业有用的其他就业信息。

2. 将搜集来的信息在课堂上和同学一起交流：

我共收集到________条信息。分别来自：

电视广告______，报纸广告______，街头广告______，其他广告______；

网络______，电话咨询______，信函咨询______，走访咨询______；

其他咨询______；老师______，家长、同学、朋友______；

其他渠道______。

3. 分析这些信息的可信度和可利用的价值。

可信的信息约占______%；有利用价值的信息约占______%。

4. 把你认为的重点信息摘录出来，并进行简要分析。

(1) ____

(2) ____

(3) ____

(4) ____

【对标学习 12-1】职业选择

小林是某大学 2017 届毕业生，他回忆了自己毕业时的艰难选择。他先是想出国留学，但又觉得费时费力，因此放弃了出国的打算。他参加了学校的创业计划大赛，同学的激情感染了他，于是他决定自主创业。然而与家人商量后，大家都希望他能继续读书，所以小林又回到学习之路。可是，他又觉得参加工作可以“很快得到收入，可以积累经验，为未来晋升打下良好基础”，便再次犹豫。经过反复考虑，小林最终选择继续深造。类似的情况在毕业生中时常发生，难怪许多毕业生说，“最痛苦的是选择”。

思考：

(1) 阅读上述案例，你对职业方向选择有什么看法？

____

(2) 面对职业选择时，你遇到过哪些问题？

____

【对标学习 12-2】就业信息收集

某高校 2016 级学生在大三下学期便由学校安排去外地实习两个月。当其他同学都整装待发时，小王却不动声色地忙开了：他先是找到班主任，拜托班主任如有合适单位，请帮忙推荐，并留下两份自荐材料。然后他又找到学校负责就业推荐工作的老师，请他们一有重要信息就及时告知自己。

接下来，他拜托自己最要好的一位低年级朋友定期关注学校的就业信息栏，并将重要信息及时告诉他。最后，他仔细查询了在即将离开的这两个月中，各地将要举办的人才交流会的信息，并根据实际情况做了准备。做完以上联系工作后，小王便安安心心地前往外地实习去了。这样，小王尽管人在外地实习，却能比班上其他同学消息更灵通。实习刚一结束，小王的工作单位也顺利落实了。

思考：

（1）小王使用了哪些就业信息收集方式？

____

（2）在就业过程中我们应该保持一种怎样的心态？

____

第十三章

求职材料的制作与笔试面试

胜兵先胜而后求战，败兵先战而后求胜。

——《孙子兵法·形篇》

学习导航

- 第十三章 求职材料的制作与笔试面试
  - 热身场
    - 你了解求职材料吗
    - 如何准备求职笔试
    - 如何在面试中胜出
  - 实训项目
    - 自我练习
      - 写求职信
      - 设计求职简历
      - 在网络上搜索笔试资源
    - 团体活动
      - 笔试/面试情况大搜罗
      - 简历升级
      - 模拟面试
    - 对标学习
      - 他为何能在面试中胜出
      - 机会给有准备的人

热身场

1. 你了解求职材料吗？

求职材料包括哪些？

简历制作应遵循什么原则？

求职信的结构是怎样的？

2. 如何准备求职笔试？

求职笔试分哪些类型？

参加笔试应注意什么？

3. 如何在面试中胜出？

面试的过程包括哪几步？

面试的内容有哪些？

面试的应对策略有哪些？

实训项目

【自我练习 13-1】写求职信

根据自己感兴趣的一则招聘启事，结合自身实际，写一封求职信并请同学或老师指正。

小贴士

在求职过程中，一封出色的求职信是必不可少的。而撰写一封得体的求职信可能是你在准备应聘的过程中会遇到的最棘手的问题。一封能真实、全面体现个人才智的求职信，可以帮助你顺利地得到面试机会。求职信要引起应聘单位的注意，既能反映你的目的，也符合特定的工作要求。

【自我练习 13-2】设计求职简历

根据自己的求职目标，设计一份有针对性且个性化的求职简历。请就业指导课的老师或有求职经验的同学帮助修改。

小贴士

简历服务机构“简历前沿”的负责人林锦添介绍说，他们经常发现很多求职者没能较好地把握简历制作的要领，常盲目套用网络上面的简历模板，缺乏针对性、重点也不突出。他认为，针对性强、言简意赅、重点突出、强调优势、格式方便阅读、逻辑清晰、层次分明、客观真实的简历可让求职者获得更多的面试机会。

【自我练习 13-3】在网络上搜索笔试资源

通过网络搜索，筛选出目标行业求职笔试信息资源最丰富的几个网站，并开始密切留意其动态。

____

____

小贴士

笔试题型主要有七种：多项选择题、是非题、匹配题、填空题、简答题、回答题、论文，每一种笔试形式都有它的优缺点。比如论文，它的优点是：易于编制试题，能测验应聘者的书面表达能力，易于观察应聘者的推理能力、创造力及材料概括力；缺点是：评分缺乏客观的标准，不能测出应聘者的记忆能力。

其他笔试题型的优点为：评分公正、抽样较广、避免模棱两可以及取巧的答案，可以测出应聘者的记忆力，试卷易于评阅；缺点为：不能测出应聘者的推理能力、创造力及文字组织能力，试题不易编制，答案可以猜测。

【团体活动 13-1】笔试/面试情况大搜罗

找 3～5 名同学组建一个小组，调研目标行业中有代表性的 5 家企业近两年的招聘笔试、面试情况，并总结预测将来可能面对的形势，填入表 13-1。

表 13-1　　目标企业笔试/面试情况表

企业名称	是否笔试	专业考试	英语测试	素质测试	综合能力	应试人数	面试形式	通过率

小贴士

在一次招聘会上，一家化妆品公司的招聘主管让前来应聘的一名大学生说出几款该公司代理的品牌名字，没想到这个学生一个都答不出来。这位招聘主管说："对公司这么陌生，求职前都不去了解一下目标公司，很难想象他对自己的职业生涯有所规划。这样不负责的人，我们肯定不会用。"提前搜集目标企业的信息，是面试前一项必不可少的工作。

【团体活动 13-2】简历升级

找 3～5 名同学组建一个小组，小组成员每人找到一个目标公司和岗位，根据岗位招聘要求撰写简历，完成后交由小组其他成员进行点评，每人至少找出其他成员简历中的 3 个优点和 3 个缺点，并通过小组会议将结果进行分享。分享很重要，它能够使个人在明确自己优缺点的同时，借鉴其他成员的经验。所有人在分享结束后对简历进行修改升级，循环往复，直到达到最优。

小贴士

应届毕业生在求职时的弱势是缺乏工作经验，所以尽量要在简历中体现个人的实习经历，突出个人在校园活动、公益活动中承担的角色，展现自己的优势。

【团体活动 13-3】模拟面试

寻找另外两名有面试需求的同学组成模拟面试练习小组。

1. 面试准备

小组成员一起确定"待应聘的公司和职位"和"所需要的能力素质"，然后把简历给另外两名组员，请他（她）们根据你的情况和职位的要求设想面试问题（可以网络搜寻常见的面试问题）。

2. 角色扮演

一个人扮演面试官，另一个人扮演观察者，你扮演求职者，三个人一起表演面试的全过程。扮演面试官的组员可能会在面试中产生疑问，进而追问你一些问题，通过解决这些问题，可以锻炼你灵活应变的能力。

3. 分析反馈

面试完毕，由面试官和观察者指出面试中的问题，请根据他们的意见着手改正。模拟面试的过程也可以用设备拍摄下来，多次回看，从中发现自己的优点和缺点。做得练习和准备越多，你在面试中的表现就会越好。

4. 角色轮换

与小组成员交换角色进行模拟面试，确保每人将所有的角色至少完成一遍。扮演面试官和观察者，能够让你更清晰地知道哪些才是面试官想要了解的，什么样的人是面试官所欣赏的。此外，朋友身上存在的问题，自己身上是否也有，如果有则尽快调整。

小贴士

专家通过对众多成功求职者的调查发现，做模拟面试对于克服紧张情绪，成功应对正式面试非常重要，能大大提高面试的成功率。模拟面试能帮助求职者找出自身问题，并及时改进，这是一种非常重要的面试技巧。

【对标学习 13-1】他为何能在面试中胜出？

某百货公司要聘请一位经理，招聘方给三位应聘者放了这样一段视频：上午9时30分，一家百货商场进来一位高个子小伙，他拿出100元买了一支3元钱的牙膏。上午10时整，又进来一位矮个子小伙子买牙膏，他拿出10元钱递给售货员，找钱时，他却说自己给的是张百元票，双方起了争执。商场经理走来询问，小伙子提高嗓门说："我想起来了，我的纸币上有2888四个数字。"售货员在收银柜中寻找，果真找到了这样一张百元票。视频播放结束，问题是：明知对方在欺诈，假如你是经理，该如何应付？

这场情景面试旨在考察候选者的三层素质：洞察力——对事件本质的把握；全局观——对"顾客至上"理念的理解；道义感——对社会上反诚信现象的态度。

第一位候选者的答案是：首先向顾客道歉，然后当众批评女售货员，并如数找给小伙子97元。这位候选者的优点在于能够从公司大局出发，但其做法有向不法行为低头之嫌。

第二位候选者的答案是：他会在小伙子耳边说，“哥儿们，我们有内部监控系统”。这位候选者犯了一个大忌，就是职业经理人应以诚信为本，而这家商场根本没有监控系统。

第三位候选者的答案是：“既然您没有支付10元钱，那么，收银柜内今天收到的所有10元纸币上就不会有您的指纹。您能保证吗？”这位候选者敏锐地抓住了诈骗者逻辑上的盲区，并当场予以揭穿。最后，他成功胜出。

思考：

（1）案例中的第三位候选人最终胜出的原因是什么？

____

____

（2）情景面试包含哪些形式？

____

____

（3）如果你参加这场面试，会怎样应对？

____

____

【对标学习13-2】机会给有准备的人

一个大公司要招聘发报员，凡是熟悉国际通用的摩尔斯密码的人，都可以来应聘。很多应聘者闻讯而来，被安排在公司的办公大厅里等候面试。

大家来了以后，就发现这个环境太嘈杂了。这个大公司业务繁忙，办公大厅里人来人往，有的在互相谈话，有的在打电话，人声鼎沸。面试被安排在大厅尽头的一个神秘的小屋子里进行，几十位应聘者一排一排坐在这个环境里等候，等待人事经理来叫人。

这个时候，来了一个迟到的小伙子。他排在应聘者的最后，他站了一会儿，然后径直往那个神秘的小屋子走去，推门而进，所有人都很奇怪：他为什么不排队就进去了呢？

过了一会儿，主管招聘的人事经理带着小伙子从小屋子里出来了，对所有坐着的应聘者说：“对不起，这个发报员的职位已经有人了，你们可以回去了”。

所有应聘者都愤愤不平：“这个小伙子迟到了，还径直闯进门去，居然就得到了职位！我们等待这么久，你一个问题都没问，连机会都没给我们，就被淘汰了。为什么？”

人事经理缓缓回答：“我们特别选择了在这样一个嘈杂的环境里面试。在这个环境中，我们一直在发送一组密码电波，解读出来的意思是：‘谁要是听懂了这个密码，现在请直接进入小屋子。’”

这个小伙子虽然来晚了，但他在嘈杂的环境中听懂了密码，所以他成功了。他没有像其他应聘者那样，只是坐在那里等待，所以他才是真正懂得这个密码的人。

这个故事说明了几个道理：

1. 要对你准备从事的工作做充分必要的准备工作，熟悉你应该熟悉的业务；

2. 机会面前人人都是平等的，没有成功的人不要抱怨别人不给你机会，要反思一下自己是否抓住了眼前的机会；机会总是偏爱有准备的头脑；

3. 真理往往掌握在少数人手中，你要尽量使自己成为其中之一；

4. 不要墨守成规，要善于从任何事物里发现潜在的机会；

5. 生活处处有机会，我们要善于用智慧的大脑去思考，用明亮的双眼去发现。

思考：

（1）读完这个故事你有什么感悟？

____

____

（2）要想把握每一次面试机会，你需要做什么样的准备工作？

____

____

（3）对专业技术要求较高的工作，面试时应注意什么？

____

____

第十四章

角色转换与职业适应

进步，意味着目标不断前移，阶段不断更新，它的视野总是不断变化的。

——［法］雨果

学习导航

- 第十四章 角色转换与职业适应
  - 热身场
    - 生活角色转换练习
    - 你了解角色转换吗
    - 为什么需要角色转换
    - 如何才能科学地进行角色转换
  - 实训项目
    - 自我练习
      - 大学生活“金三角”
      - 角色转换与适应
      - 阿昌的四选一
      - 20项礼仪自检
    - 团体活动
      - 优雅的告别
      - 老板的选择
      - “盲人与拐杖”游戏
    - 对标学习
      - 完美的“句号”
      - 身份

热身场

1. 生活角色转换练习

人在一生中要扮演许多角色。即使在同一阶段，一个人也可能要同时扮演十几个角色。比如，你可能要同时扮演以下角色：父母、子女、兄长、晚辈、上司、下属、邻居、朋友、老师、学生、消费者、服务员、纳税人、人民代表等。

现在，请写下你现在所扮演的12个主要角色：

（1）________　（2）________　（3）________　（4）________

（5）________　（6）________　（7）________　（8）________

（9）________　（10）________　（11）________　（12）________

选取其中两种或更多角色，举例说明不同角色的责任、目标和行为方式等有什么差异，并填在下表（表14-1）中。

表14-1　　角色列表

角色	举例说明（责任、目标、行为方式等方面的差异）

小贴士

“角色转换适应”可以全面而准确地定位自身，充分认识自己，明确不同角色的责任、目标与行为方式，以及自己在扮演角色时的优势与劣势；体验在未来生活和职场中可能出现的情境，学习未来职场中的人际交往技巧。

2. 思考

（1）你了解角色转换吗？

你平时主要扮演的角色有哪些？

______

你理解的角色转换是什么？

______

（2）为什么需要角色转换？

你的角色转换困难或无效的原因有哪些？

______

不进行角色转换会给你造成哪些障碍？

______

（3）如何才能科学地进行角色转换？

你了解哪些角色转换的方法？

______

如何有效地进行角色转换？

______

角色转换究竟意味着什么？

______

实训项目

【自我练习 14-1】大学生活“金三角”

1. 请大家填写大学生活中的“金三角”

在一个大的等边三角形里画出四个小的等边三角形，分别为 A、B、C、D，

A 部分写“大学生活中我最开心的一件事”，

B 部分写“大学生活中我最难忘的一件事”，

C 部分写“大学生活中我最遗憾的一件事情”，

D 部分写“假如今天我将离开大学，我最感谢的人是……我想对他（她）说……”

A：______

______

B：______

______

C：____

____

D：____

____

2. 思考

在这个练习中，你有什么感受？如何评价你的大学生活？

____

____

小贴士

回顾一下自己的大学生活，加深对母校、老师、同学的情感体验。每个人对大学的感悟都是不同的，每个人都应该认真把握和珍惜自己的大学时光。

【自我练习 14-2】角色转换与适应

小张是一名职场新手，有一天，他正在进行一项重要工作。这时，一位对小张工作上有帮助的老同志想将自己手里的工作托付于小张。但是时间有限，两项工作小张只能选一个。小张陷入了两难的境地，他很苦闷……

请你分别扮演小张和这位老同志的角色，编写一段小张和老同志的对话，解决这个情境中的问题。

小贴士

在工作和生活中，我们要学会用积极的心态去思考，培养一种对逆境的对抗态度，使自己拥有对事情的掌控权而不是完全被周遭环境所影响。

【自我练习 14-3】阿昌的四选一

阿昌经营一家医疗器械代理公司，他聘用了四名刚刚毕业的大学生：小赵、小钱、小孙和小李。作为营销员，四个人的月薪相差无几，每月底薪在 3200 ～ 3500 元之间，并按销售业绩 12% 的比例提成。两个月后，四名营销员的表现如下：

小赵。老实听话，但稍一放松管理就偷懒，工作不指派到头上决不动手，叫苦的时间远比干活的时间多。来公司时间最长，但业绩为零，两个多月一无建树，没有完成一个订单。

小钱。聪明机灵，表面上对老板唯唯诺诺，其实自己另有鬼主意，特别会干面子活，是得到老板夸奖最多的员工。进入公司后，在第一个月和第二个月分别完成两笔订单，共售出产品6台。

小孙。吃苦耐劳，联系客户时善于死缠乱打。除了跑业务，还经常被指派做其他工作，是目前唯一一个任劳任怨的员工。虽然来的时间不长，却也在第二个月完成一笔订单，售出产品1台。

小李。心思灵活，有小钱的聪明，但不像小赵那样懒，工作时也不像小孙那样呆板，目前正在全力推动与一家大客户的合作，对方有意向一次性订购60台医疗设备。

思考：

三个月的试用期马上就要结束了，因为业务调整，老板只能在四个人中留下一位正式录用。你认为老板会留下谁？理由是什么？老板决定员工去留的标准又是什么？

____

____

小贴士

人人都希望自己能够纵横职场，无往而不胜。如果你选择留下的人是业绩和能力都很强的小李，那你已经基本明白了用人单位或领导选人用人的主要标准。反之，如果你选择留下的人不是小李，而是其他三个人的话，说明你的职场生存智慧还停留在初级阶段，对职场用人标准和个体职业能力的理解还不够全面。为了避免将来在职场上遭遇不快，影响你的事业和前程，你有必要加强学习，尽快进化为一个富有智慧的新职场人。

【自我练习14-4】20项礼仪自检

1. 你的头发整齐干净吗？
2. 你的衬衫、外套是否整洁？
3. 你的指甲是否过长、是否经常修剪？
4. 你会在电话铃响3声之内接起电话吗？
5. 你听电话时做记录吗？
6. 接电话时会你立即说“您好”吗？
7. 你是否重复了电话中的重要事项？
8. 接到客户的投诉电话时，你表示歉意了吗？
9. 拨打电话时，你是否准备好了手头所需要的资料？
10. 在走廊遇到客人时，你让路了吗？
11. 接待客人时，你能否记住客人姓名、公司名称？

12. 进入会议室时你是否先敲门？

13. 让客人久等时，你是否会尽早赶来并向客人表达歉意？

14. 清晨上班时你会主动跟同事或上司问好吗？

15. 你会在办公室吸烟吗？

16. 离开座位外出时，你会跟同事打招呼吗？

17. 你会站在茶水间、洗手间或走廊内与人闲谈吗？

18. 你会在办公室声音很响地吃零食吗？

19. 下班时你会跟同事和上司说再见吗？

20. 使用完公共设备后你会整理好吗？

以上 20 项礼仪，你能做到几条？哪些是你要特别注意的？

小贴士

良好的仪容仪表是人与人成功交往的基础，也是打造和谐人际关系的良好开端。

【团体活动 14-1】优雅的告别

1. 活动目标：回顾并整理大学生活，抒发内心离别与不舍的情感，认识自我，增强与他人沟通的愿望。

2. 使用材料：纸、笔、音响

3. 活动过程

（1）热身阶段：请大家全体起立、出列、向右转，分成若干列站立。

（2）活动阶段：说出大学期间自己的“三个最”。

（3）结束阶段：写祝福留言卡。给每位成员发一张心形的祝福卡，每人在卡上写“对 × × 的祝福”，然后依次向右传，每位成员都在卡上写上自己对其他成员的祝福、鼓励或建议。写完后，每位成员仔细阅读他人写给自己的祝福，并对他表示感谢。

（4）合唱歌曲《祝你一路顺风》。

4. 分享讨论

（1）大学期间自己最欣赏自己的是什么？

（2）大学期间自己最骄傲的是什么？

（3）大学期间自己最印象深刻的一次教训是什么？

5. 思考

（1）当你向别人介绍自己“三个最”时，你的心情是怎样的？这个活动让你对自己的认识跟以前相比有没有不同？当你发现自己有这些优点时，你的感受是什么？

（2）其他同学在介绍他们的“三个最”时，你觉得跟以前自己对他们的认识有什么不同？当你发现别人有这么多的优点时，你的感受是什么？

（3）请同学谈谈为什么送这颗“心”？接受礼物后，你的心情如何？猜想送礼物的人的用意是什么？带着这么多成员送的“心”，离开校园后你打算开始怎样的生活？

【团体活动 14-2】老板的选择

在《我为什么不要应届毕业生》一书中，11 位老板、CEO、人事干部口述实录了应届毕业生的十大问题：

问题一：成功的欲望很强烈，却不愿脚踏实地做事；

问题二：无根据地给自己定位，不肯降低自己的身价；

问题三：没有经历社会生活的磨炼，心理状态不稳定、不成熟；

问题四：就业心态浮躁、缺乏主见、求职目标模糊不清；

问题五：永远都在抱怨；

问题六：动手能力差，眼高手低，大事做不了，小事不愿做；

问题七：名校生不如普通院校毕业生态度踏实；硕士生不如本科生；本科生不如大专高职生；

问题八：“唯我意识”膨胀；

问题九：一味强调单位能给予他们什么，而很少考虑自己能为单位创造什么，对物质和生活待遇的要求超出企业能够支付的标准；

问题十：职业忠诚度较低，频繁跳槽，一有更好的机会就一走了之。

企业对初入职场大学生的评价：

1. 缺乏自我管理能力和敬业精神，抗压性差，吃不了苦。

2. 没有明确的人生目标和规划，求职目标模糊不清，缺乏工作热情。

3. 缺乏实践经验，不懂必要的工作方法。

4. 缺乏必要的沟通方式，合作意识薄弱，人际关系差。

5. 常以自我为中心，听不进他人意见，心浮气躁。

请分组讨论，互相补充，填写下列表格（表14-2、表14-3）。

表14-2　　应届毕业生与职场人士的主要区别

	应届毕业生	职场人士
任务、人生阶段		
社会角色		
社会环境		
社交圈		
角色评价体系		

表14-3　　大学老师与老板的主要区别

大学老师	老板与上司

【团体活动14-3】“盲人与拐杖”游戏

1. 活动目标：建立职场人际信任感，体会帮助他人与被他人帮助的感觉，培养团体中的亲密感。

2. 使用材料：红丝巾。

3. 活动过程：每两个同学一组，扮演“盲人”角色的同学眼睛要用红丝巾蒙上，而扮演“拐杖”角色的同学则通过语言之外的方式引导“盲人”前行，中途要避开行人和障碍物，从出发地到目的地再安全折返原地游戏即结束。

4. 小组讨论

（1）扮演“盲人”时被别人牵引的感受？

______

（2）“盲人”扮演者在游戏中是否睁开过眼？为什么睁眼睛？

______

______

（3）扮演“拐杖”者的感受？如果“盲人”睁开眼，你有什么感受？

______

______

（4）通过该游戏，联系以后进入职场，就如何与同事建立信任关系进行相关讨论。

______

______

小贴士

人与人之间有无亲密的交往对个人的职场发展影响很大。这个游戏可以让学生在活动中真实地体验和感悟信任、互助在人际关系中的重要作用，享受同伴间爱与被爱的幸福感和认同感，从而达到既认识自我，又悦纳他人的目的。

【对标学习 14-1】完美的“句号”

离校期间，班长王峰仍然像大哥哥一样不辞辛劳地为大家服务。他不仅与班主任一起承担班级同学的离校工作，还细心地护送每一位同学离校。给每一个弟兄一个拥抱，道声：“兄弟，珍重！”送行李重的女同学到车站。他的细心与温暖感动了每一位同学。

转眼间十年过去了，当年的同学如今在事业上也渐渐有了成就。同班同学赵刚毕业后开创了自己的公司，随着公司规模的扩大，赵刚非常需要一个忠实可靠的帮手，可是迟迟找不到合适的人选。偶然间，赵刚在生意场上遇到昔日的大学同学，回想起大学生涯，二人禁不住感慨万千，也想起他们的班长——王峰，想起他对同学们的照顾和帮助。这时赵刚突然想到，为什么不让王峰来自己公司做副总呢？他忠诚、负责、细心，不正好适合这个位子吗？后来赵刚联系到王峰，而王峰正好也有跳槽的打算，后来王峰带着家人来到这个城市，担任了赵刚公司的副总。

思考：

（1）给大学生涯画一个圆满句号的重要意义是什么？王峰是怎样给大学生涯画句号的？他是怎样做的？

（2）假如你即将毕业离校，你认为还需要尽哪些义务？如何能给大学生涯画一个完美的句号？

（3）上面的故事对你有何启发？

小贴士

毕业离校期间，一定要注意个人的形象与风范。你们已经在这座大学校园里留下了一串串成长的足迹，更要画一个完美的句号。

【对标学习 14-2】身份

25 岁那年，我揣着一张大学文凭去闯荡京城。然而，我所学的中国古代史专业很快使我陷入困境。几经周折，我在一家五星级宾馆找到了一份拖地的工作。

我所在部门的副经理是个年轻人，中专毕业三年不到，二十三四岁的样子。我觉得有些委屈，认为他的学历比我低，年龄比我小，却管我。所以平时我就爱顶撞他，也爱犯一些小错误，比如宾馆里不让抽烟，我就偏抽，宾馆里不让随便坐，我就偏要随便坐。有一次我抽烟让他看见了，他就说，“这次我警告你”。第二次，他就说，“这次我严重警告你”。第三次，他非常恼怒地说，“我再次严重警告你，再有一次，你要明白后果”！

而我却依然不当一回事。这时，和我一同入店打工的李师傅就问我：“你觉得离开这儿，还会找到更好的工作吗？”

我想了想说：“很难。”

“那你骄傲什么？”

“我觉得他是一个中专生，年龄又小……”

“甭管人家是中专生还是中学生，人家现在是副经理，即使你是大学生，哪怕是大学教授，但你现在是拖地的，你要明白自己的身份！”

听完李师傅的话，我突然明白了：再这样下去，我真的很快就会被开除，再找这样一份工作无疑将极为困难，那干吗去呢？捡破烂还是讨饭？

我立刻改变了态度，工作认真起来，不再顶撞副经理，也极少犯错误。并且开始利用空闲的时间学习英语，想把英语学好了，再去找一份好工作。过了一段时间，副经理对我的态度明显改变，有时候还会拍着我的肩膀鼓励我："好好干！"

有一天，副经理对我说："你上晚班吧，晚班学习的时间充足，挣得也多一点。"确实，晚班没有人监督，只要花费平时上班五分之一的时间拖好地，其余时间就可以自由支配，这对我学习英语来说简直是莫大的支持！而且，晚班有熬夜费，比白班挣得多。我缺的就是时间和金钱。

几个月以后，我的英语有了长足进步，而且也攒了一笔钱，便报了一个专业的英语学习班。学完后，我辞去饭店的工作，凭着英语专长在一家补习学校找到一个英语教师的职位，收入比拖地高好几倍，当然也体面了许多。

于是我想，人确实是有身份的，但身份也是随时变化的，过去有过去的身份，今天有今天的身份，明天有明天的身份，关键是要明白自己今天的身份，明白自己今天应该做什么和怎么做，这才是最重要的！

思考：

（1）案例中的"我"起初为什么消极怠工？

（2）你认为，案例中的"我"为什么会做出改变？假如是你，你会怎么办？

（3）这则案例对你有什么启发？

小贴士

在成长的道路上，人总会不断变换自己的角色。角色变了，那么台词和行为也得相应改变。一旦你被招聘单位录用，就应当对自己有一个准确的定位，找准自己的坐标位置和角色地位，明确与自己的位置和地位相应的身份，尽快地认同并进入自己的职业角色。我们每个人都不只拥有一副"面孔"，在不同的场合应以不同的"面孔"出现，这是基本的生存法则。